David Neumark

Die Freiheitslehre bei Kant und Schopenhauer

David Neumark

Die Freiheitslehre bei Kant und Schopenhauer

ISBN/EAN: 9783742898784

Hergestellt in Europa, USA, Kanada, Australien, Japan

Cover: Foto ©Andreas Hilbeck / pixelio.de

David Neumark

Die Freiheitslehre bei Kant und Schopenhauer

DIE FREIHEITSLEHRE

BEI

KANT UND SCHOPENHAUER.

VON

Dr. DAVID NEUMARK.

HAMBURG und LEIPZIG.
VERLAG VON LEOPOLD VOSS.
1896.

MEINER LIEBEN MUTTER

UND

DEN MANEN MEINES FRÜHVERSTORBENEN

VATERS.

Vorwort.

Vorliegende Abhandlung, eine Berliner Dissertation, bitte ich als einen, unvollständig durchgeführten Versuch zu betrachten, in dem sich der Verfasser die Aufgabe gestellt, die kritizistische Freiheitslehre, durch eine vergleichende Darstellung derselben nach den beiden Hauptvertretern der kritischen Philosophie, im intimen Zusammenhange mit dem erkenntnistheoretischen Grundproblem zu entwickeln. Unvollständig deshalb, weil dazu noch die Beleuchtung der kritizistischen Problemstellung in der Freiheitsfrage, sowie des Einflusses derselben auf die Fassung des gesamten Problems der Ethik, gehört, welcher Forderung hier nur zum Teile entsprochen wird.

Ihre Ergänzung wird vorliegende Schrift in zwei — im Zusammenhange mit derselben abgefassten und, aus Gründen äusserlicher Natur, von ihr ausgeschiedenen — Aufsätzen erhalten, die ich jetzt einer, infolge der Isolierung notwendig gewordenen Umarbeitung unterziehe und demnächst in den „Kantstudien" zu veröffentlichen hoffe.

Charlottenburg, 5. Juli 1896.

Der Verfasser.

Inhaltsverzeichnis.

Einleitung . . . . IX—XII.

Den Problemen d. Willensfreiheit u. der Realität der Aussenwelt kamen die Alten nicht auf den Grund. IX. — Hinweis auf den Zusammenhang beider Probleme in der neueren Philosophie seit Spinoza. X. — Der erkenntnistheoretische Gesichtspunkt in der Behandlung d. Freiheitsproblems bei Fischer und Cohen. X—XI. — Einteilung der Aufgabe. XI. —

I. Kausalität und Freiheit . . . . 1—25.

Kant. 1—14. Im Altertum u. Mittelalter war das Problem theologisch, in der neueren Philosophie ist es naturalistisch. 1. — Die kritische Philosophie fragt nach der Realität des Freiheitsbegriffs und sucht ihn in das theoretische Denken einzuführen. 2. — Enthält die kosmologische Freiheit ein positives Moment für die moralische? 4. — Nachweisung desselben gegen Fischer unter Hinweis auf Cohen. 5. — Darstellung der III. Antinomie. 6. — Das positive Moment ist die Idee des transscendentalen Gegenstandes. 10. — Belege aus Kant. 11. — Cohens Ausführung dieses Gedankens mangelhaft. 13. —
Schopenhauer. 14—25. Zusammenhang zwischen beiden Problemen. 14. — Die materielle Differenz beider Philosophen. 15. — Der Ausgangspunkt Schopenhauers u. seine geschichtliche Stellung in der Philosophie. 17. — Die Korrelativität von Subjekt und Objekt bezeichnet den Scheidepunkt zwischen Kant und Schopenhauer. 19. — Der Schluss nach dem Kausalitätsgesetze das πρωτον ψευδος Kants. 21. — K. kommt d. Ding an sich von Aussen bei, Sch. von Innen. 22. — Nach K. ist das Ding an sich der Grund, nach Sch. der Kern der Natur. 24. —

II. Freiheit als Fundament der Moral . . . . 26—55.

Kant. 26—44. Die eigentliche Schwierigkeit des Freiheitsproblems, die Unterbrechung des Kontextes der Erfahrung, wird hinausgeschoben. 26. — Der erkenntnistheoretische Charakter der positiven Freiheitslehre. 28. — Was ist der letzte Grund des autonomen Imperativs? Kant stellt den durch die Analysis gewonnenen Begriff der Sittlichkeit unter den Gesichtspunkt des transscendentalen Idealismus. 30. — 6 Hauptmomente der Sittlichkeit. 33. — Die 3 Formeln des Imperativs. Das letzte Prinzip der Sittlichkeit ist Autonomie. 34. — Autonomie das Identifizierungsprinzip der Sittlichkeit mit der Freiheit. 35. — Die Lösung der Frage: Wie ist ein kategorischer Imperativ möglich?, durch den Hinweis auf das dualistische Bewusstsein des moralischen Subjekts. Die „Zwei Standpunkte". 37. — Die letzte synthetische Begründung der Moral ist der Satz: „Weil aber die Verstandeswelt den Grund... enthält." 38. — Die Vernachlässigung dieses Satzes in den Darstellungen Fischers und Cohens. 39. — Das reciproke Verhältnis der „Kritik der praktischen Vernunft" zur „Grundlegung". 41. —

Schopenhauer. 44—55. Der Grundirrtum Sch.s besteht in der psychologischen Auffassung der Kantischen Moralphilosophie. Kant sucht nicht die empirische, sondern die transscendentale Basis der Ethik. 44. — Die 9 Prämissen d. Sch.'schen Ethik. 45. — Die Ueberleitung zur metaphysischen Begründung der Ethik. 47. — Die Aufgabe der Metaphysik wird in die Erfassung des ethisch-metaphysischen Problems gesetzt. 48. — Die beiden Cardinalsätze der Sch.'schen Philosophie auf Moral angewendet. 49. — Das Verhältnis beider Philosophen in der Fassung u. Lösung des ethischen Problems. 53. —

III. **Der intelligible Charakter** . . . . 56—89.

Kant. 56—79. Die verschiedenen Auffassungen des Problems. 55. — Die von einander abweichenden Darstellungen der „Kritik" und der „Kritischen Beleuchtung". 57. — Das Verhältnis beider Ableitungen in Bezug auf die Lösung der Gesamtaufgabe. 59. — Die doppelte Aufgabe der Ableitung in der „Kritik": Die Erhaltung des Kontextes der Erfahrung und die Hebung des Widerspruches zwischen kosmologischer und moralischer Freiheit. 60. — Lösung des Problems durch die Einführung des Begriffs „handelnder Subjekte", „thätiger Wesen". 61. — Der Unterschied zwischen Naturursache und Naturkausalität. 63. — Der oben eingeführte Begriff ist real. 64. — Der Begriff muss in der Anwendung eingeschränkt werden. 65. — Die Konstanz des Charakters ein Naturgesetz. 66. — Beide Aufgaben geleistet: das dualistische Subjekt und das Kriterium der moralischen Handlung fixiert. 67. — Die Freiheit der Handlungen ist erwiesen, es handelt sich nun um die Freiheit der Persönlichkeit. Die moralische Verantwortlichkeit. 68. — Die moralische Verantwortlichkeit hat zwei Voraussetzungen: liberum arbitrium und Einheit der moralischen Persönlichkeit. 70. — Die ausschliessliche Wirkung einer Kausalität ist abhängig von der Anerkennung im Bewusstsein. 71. — Unverbesserlichkeit des Charakters. 72. — Einmalige Entscheidung, ausserzeitlicher Akt, „intelligible That der Freiheit". 73. — Einheit der Kantischen Freiheitslehre. 74. — Kritik der Auffassungen Fischers und Cohens. 76. — Cohens Auffassung vom Wesen d. Freiheitskausalität. Kritik derselben. Intelligibler Mechanismus. 78. —

Schopenhauer. 79—89. Sch. dehnt den intell. Charakter, der bei K. nur moralische Bedeutung hat, auf die gesamte Natur aus. 80. — Sch. will nur den K.'schen Gedanken zu Ende gedacht haben. Widerlegung dieser Meinung. Die Darstellung des Problems im Kontakt mit dem ganzen Sch.'schen System. 82. — Der metaphysisch-evolutionistische Gedanke. Die Objektivation der Ideen. 83. — Der Primat des Willens. Der Unterschied zwischen diesem und K.s Primat der praktischen Vernunft. 85. — Nach K. ist die „intelligible That" eine Wahl. Nach Sch. liegt die Freiheit im Esse. Keine mor. Persönlichkeit. Allgemeine moralische Tendenz des Daseins. 86. — Die Beleuchtung aller Gegensätze beider Philosophen aus den Grundlagen ihrer Systeme. 87. —

Einleitung.

Die zwei tiefsten und bedenklichsten Probleme der Philosophie der Neueren, sagt Schopenhauer, nämlich das Problem von der **Willensfreiheit** und das von der **Realität der Aussenwelt** oder **dem Verhältnis zwischen Idealem und Realem**, hat die Philosophie der Alten, gleichsam noch im Stande der Unschuld, noch nicht zum deutlichen Bewusstsein gebracht. Diese sonderbare Erscheinung, dass die Alten gerade diesen beiden Problemen, welche der neueren Philosophie soviel zu schaffen machten, nicht auf den Grund gekommen sind, erklärt sich Schopenhauer, seiner Ansicht von der Quelle des Gegensatzes in der Philosophie überhaupt (s. w. u.) gemäss, daraus, dass der rohe Verstand in Bezug auf diese beiden Probleme einen entschiedenen natürlichen Hang zum Irrtum habe, von welchem ihn zurückzubringen es einer schon weit gediehenen Philosophie bedürfe. Dem Verstande sei es nämlich natürlich hinsichtlich auf das **Erkennen** viel zu viel dem **Objekte** beizumessen, daher es **Lockes** und **Kants** bedurfte, um zu zeigen, wie sehr viel davon aus dem **Subjekte** entspringt. Hinsichtlich auf das **Wollen** hingegen habe er den Hang, viel zu wenig dem **Objekt, den Umständen und den aus ihnen sich ergebenden Motiven**, und viel zu viel dem **Subjekte, dem freien Willen des Menschen** beizulegen.[1])

Das gemeinsame Los dieser beiden Probleme, die scheinbar mit einander nichts zu thun haben, legt uns aber auch den Gedanken nahe, dass zwischen ihnen ein innerer Zusammenhang bestehen müsse, so dass die Vertiefung in das Eine auch in das Andere führt, wie umgekehrt die Vernachlässigung des Einen auch die des Anderen bedingt. Dieser Gedanke liegt in der Sch.'schen Erklärung; in beiden

---

[1]) W. W. ed. Griesebach (Leipzig), Freiheit des Willens, III, S. 442 bis 443, 471.

Fragen handelt es sich um das Verhältnis des Subjekts zum Objekt. Der Prozess des Erkennens und der des Handelns sind beide Begebenheiten, die sich zwischen Subjekt und Objekt zutragen und die auf sie Bezug habenden Fragen können auch in Eine gefasst werden: Wieviel kommt bei den Begebenheiten, welche zwischen Subjekt und Objekt zu Stande kommen, dem Einen und wieviel dem Anderen zu?

In der That aber zeigt sich dieser Zusammenhang in der Behandlung beider Probleme in der neueren Philosophie seit Spinoza. Das gemeinsame Entscheidungsmoment beider ist die Auffassung des Kausalitätsgesetzes. Auf der einen Seite beruht der absolute Determinismus Spinozas auf seiner Identifizierung, oder vollständigen Parallelisierung, von ratio und causa, also der Grundlage seiner Erkenntnistheorie, auf der anderen Seite gründen die Verteidiger der Willensfreiheit der Leibniz-Wolffschen Schule ihre Ansicht auf die Auseinanderhaltung dieser beiden Arten des Kausalitätsgesetzes.[1]) Jedoch ist dieser Zusammenhang in der spekulativen Philosophie zu äusserlich, als dass wir aus ihm auf eine gemeinsame Wurzel beider Fragen schliessen könnten. Enger mit einander verbunden treten diese Fragen im englischen Empirismus und französischen Materialismus auf, welche auf Grundlage ihrer empiristisch-realistischen Erkenntnistheorie zur strengen Naturnotwendigkeit alles Geschehens gelangten. In den inneren gemeinsamen Kern dieser beiden Probleme verleiht uns erst die kritische Philosophie eine klare Einsicht. —

Von den Interpreten Kants wird die Freiheitslehre unter den erkenntnistheoretischen Gesichtspunkt gestellt. Das Freiheitsproblem ist ein geradezu erkenntnistheoretisches Problem. K. Fischer reduziert die gesamte Vernunftkritik auf zwei parallele Fragen: Wie sind (theoretisch-)synthetische Urteile a priori möglich? und: Wie sind praktisch-synthetische Urteile a priori möglich? Besonders aber ist es Cohen, durch dessen erkenntnistheoretische Begründung der Ethik, in welch Letzterer auch die Freiheit, auf der sie beruht, mit enthalten ist, der intime Zusammenhang unserer beiden Probleme klar zum Ausdrucke kommt.

Als wir daher an die Aufgabe herangingen, die Beziehungen Schopenhauers zu Kant in der Freiheitslehre zu untersuchen, war

---

[1]) Siehe Paulsen, Versuch einer Entwickelungsgesch. d. K.'schen Erkenntnistheorie (Leipzig 1875), S. 12—13, 23, 26, 28, 33—34, 137—40 u. a.

jener Zusammenhang von vorn herein als der Gesichtspunkt gegeben, unter dessen Leitung die Untersuchung angestellt werden musste. Und bei der hervorragenden Stellung des erkenntnistheoretischen Problems in den Systemen beider Philosophen, durfte man auch mit Zuversicht der, von diesem Gesichtspunkte aus naheliegenden Vermutung folgen, dass ihr Verhältnis in der Freiheitslehre durch das in der Erkenntnistheorie bedingt sei, und dass die eventuellen Gegensätze aus Dieser in Jene hineinragen.

Wenn wir uns aber auch bei der Fixierung des leitenden Gesichtspunkts den obengenannten Darstellungen angeschlossen haben, so zeigte es sich doch, dass der erkenntnistheoretische Charakter der Kantischen Freiheitslehre, wenn er zur Grundvoraussetzung einer vergleichenden Darstellung werden sollte, mit mehr Nachdruck, als es bisher geschehen, betont und an den einzelnen Momenten der Frage durchgeführt werden musste. Dies ward aber um so unerlässlicher, als wir in vielen Punkten von Cohen abweichen, weshalb wir gezwungen waren, unserer Auffassung durch die Behandlung des fraglichen Punktes im Zusammenhange des Ganzen Nachdruck zu verleihen.

Und so gestaltete sich unsere Aufgabe zu einer doppelten. In Bezug auf jede Frage musste vorerst, durch die Behandlung derselben nach Kant, der Boden gewonnen werden, auf welchem eine Vergleichung mit derselben bei Schopenhauer erst unternommen werden konnte. —

In der Einteilung unserer Aufgabe richteten wir uns in der Hauptsache nach der Ordnung in den Kantischen Hauptwerken. Danach wäre die Aufeinanderfolge der zu behandelnden Einzelfragen:

1. Die Einführung des Freiheitsbegriffs in das wissenschaftliche Denken als Grenzbegriff, durch die Bestimmung des Verhältnisses zwischen Kausalität und Freiheit (III Antimonie).
2. Die Beseitigung des Widerspruchs zwischen der Freiheit der Handlung und der unbedingten Naturnotwendigkeit derselben, oder in der Sprache des Systems, die Möglichkeit des ununterbrochenen Kontextes der Erfahrung trotz der Handlungen aus Freiheit. (Gegenstand der Lehre vom intelligiblen Charakter in der Kritik der reinen Vernunft).
3. Die Bedeutung der Freiheit im positiven Verstande, als Grundlage der Moral (Gegenstand der „Grundlegung" und

der Kritik der praktischen Vernunft bis zur „Kritischen Beleuchtung").

4. Die Aufhellung des Bewusstseins der persönlichen Freiheit im Gefühl der moralischen Verantwortlichkeit (Gegenstand der Lehre vom intelligiblen Charakter in der „Kritischen Beleuchtung" und des „Ersten Stückes" der „Religion innerhalb der blossen Vernunft", der Jene zu Grunde gelegt ist).

Dies wäre die entsprechende Reihenfolge; allein wir mussten, aus technischen Gründen, die sich im Verlaufe der Darstellung ergeben, die Fragen 2 u. 4 unter den gemeinsamen Gesichtspunkt des Problems vom intelligiblen Charakter stellen und sie zusammen, nach der Lehre von der Freiheit als Grundlage der Moral, behandeln.

I.
Kausalität und Freiheit.

Der Fortschritt der neueren Philosophie in der Behandlung des Freiheitsproblems besteht hauptsächlich in der rein naturalistischen Fassung desselben. Die alte Philosophie kam dem Problem nicht auf den Grund, es fehlte ihr der wahre Begriff der Freiheit, wie ihr der Begriff einer individuellen, ganz auf sich selbst gestellten und sich selbst bestimmenden Persönlichkeit überhaupt abging. So oft aber im Altertum die Willensfreiheit behauptet wurde, geschah es lediglich aus theologischen Gründen (davon wäre höchstens Epikur auszunehmen, der, in Reaktion auf den fatalistischen Determinismus der Stoa, die freie Individualität des Menschen gegen jeden Eingriff von Seiten der Gottheit verteidigte). In der scholastischen, besonders in der arabisch-jüdischen Philosophie, wurde das Problem zwar sehr gründlich diskutiert, aber es blieb rein theologisch. Der freien Persönlichkeit des Menschen stand die persönliche Gottheit entgegen. Gott ist allwissend und allmächtig, wie soll es da noch eine freie Persönlichkeit geben können; dazu kamen noch die in Bezug auf die Forderung der menschlichen Freiheit einander widersprechenden göttlichen Attribute. Es waren also gewisse Voraussetzungen, die uns die Freiheit zum Problem machten; wer jene Voraussetzungen ganz oder teilweise fallen liess, für den war die Freiheit kein Problem mehr; wie es auch unter den christlichen sowie unter den arabischen und jüdischen Religionsphilosophen nicht an Beispielen fehlt.

Einen ganz anderen Inhalt hingegen bekommt das Problem in der voraussetzungslosen Behandlung desselben in der neueren Philosophie seit Spinoza. Für ihn besteht der Kern der Frage im Widerspruche zwischen der menschlichen Freiheit und der Naturnotwendigkeit. Dieser für den Dogmatismus unüberwindliche Widerspruch führte Spinoza, wie Hobbes und seine Nachfolger in der englischen Erfahrungsphilosophie, zum absoluten Determinismus. Das Problem war rein naturalistisch (obwohl es auch nicht an Beispielen, wie Locke, fehlt, der trotz seiner sensualistisch-realistischen Erkenntnistheorie die Willensfreiheit, die bei ihm übrigens kaum über die psychologische hinausgeht, aus theologischen Gründen annahm). Das Problem war auf seinen präzisesten Ausdruck gebracht und die Verteidiger der Willensfreiheit der Leibniz-Wolffschen Schule hatten sich nicht nur mit den einander widersprechenden göttlichen Attributen in der Theodicee, sondern auch mit dem Kausalitätsgesetz in der Philosophie abzufinden.

Und so standen sich beim Auftreten des Kritizismus zwei dogmatische Ansichten gegenüber, deren jede sich auf eine Thatsache berufen konnte. Die Verteidiger der Willensfreiheit hatten, auch abgesehen vom theologischen Moment, das Bewusstsein der freien Persönlichkeit und der moralischen Verantwortlichkeit, die Deterministen hingegen die unbestreitbare Alleinherrschaft der Naturkausalität auf ihrer Seite. Hier setzt nun die „Kritik" ein. Bevor wir uns die Frage vorlegen, ob Freiheit zusammen mit der Naturkausalität bestehen könne, sagt die Kritik, müssen wir uns erst über die Realität der Begriffe klar werden, mit denen wir operieren. Vielleicht ist Einer derselben nur ein leeres Hirngespinnst, und es besteht überhaupt gar keine Schwierigkeit. Nun ist die Naturkausalität und ihre Notwendigkeit in der Deduktion der reinen Verstandesbegriffe bis zur Evidenz bewiesen und zu einer Thatsache erhärtet worden. Die Naturkausalität leidet gar keinen Abbruch. Wie steht es aber mit dem Freiheitsbegriff, existiert er wirklich in unserem Bewusstsein? Und wenn dies der Fall ist, wie und in welcher Form kann er in unser theoretisches Denken, welches ja durch und durch auf dem Kausalitätsgesetz beruht, eintreten?

Diese letzte Frage ist für die Kritik die erste. Die Nachweisung der Realität des Freiheitsbegriffs überlässt die Kritik der spekulativen Vernunft der Kritik der praktischen Vernunft, der Moralphilosophie, sie selbst dagegen beschäftigt sich vorerst mit der Einführung dieses Begriffs in das theoretische Denken, um nachher die Realität desselben kurz anzudeuten und zur Lösung der eigentlichen Schwierigkeit, des Gegensatzes zwischen Freiheit und Naturnotwendigkeit (in der Lehre vom intelligiblen Charakter) überzugehen. — Alles das wird im Verfolge unserer Darstellung seine

Bestätigung finden, jetzt beschäftigt uns nur die Frage: Wie wird der Freiheitsbegriff in unser theoretisches Denken eingeführt? Kant löst diese Aufgabe dadurch, dass er den Begriff Freiheit, der in der dogmatischen Philosophie eine vorzüglich moralische Bedeutung hatte, erweitert, ihn transscendental-kosmologisch fasst, um mit der, vom transscendentalen Bedürfnis unserer Vernunft geforderten kosmologischen, auch die moralische Freiheit in unser theoretisches Denken, als Grenzbegriff desselben, eintreten zu lassen. Uns ist es hauptsächlich um die moralische Freiheit zu thun, und das Ziel des gegenwärtigen Abschnitts ist die Beantwortung der Frage:

Wie wird die moralische Freiheit durch Vermittelung der kosmologischen in das theoretische Denken eingeführt?

Genauer gefasst ist die Frage: Wird mit der kosmologischen Freiheit vom transscendentalen Bedürfnisse der Vernunft auch die moralische gefordert? —

Nach der Darstellung Kuno Fischers ist die kosmologische oder transscendentale[1]) Freiheit nur die negative Bedingung, die conditio sine qua non, der moralischen; wenn wir jene verneinen, können wir diese nicht setzen. Dagegen ist von einem positiven Momente, das uns von der kosmologischen Freiheit zur Freiheit der Handlungen führte, bei Fischer niemals die Rede.[2]) Es ist aber gar nicht abzusehen, warum wir uns der mühsamen Aufgabe unterziehen sollten, die der moralischen Freiheit besonders anhaftende Schwierigkeit, den Widerspruch derselben mit der Naturnotwendigkeit zu heben, wenn sie uns durch kein positives Moment aufgedrängt wird. Auf das „Faktum der reinen praktischen Vernunft" darf man sich hier noch nicht berufen, hier handelt es sich um die Einführung in das theoretische Denken als Grenzbegriff, und die moralische Freiheit muss ebenso wie die kosmologische ein Postulat der theoretischen Vernunft sein, wenn diesem Postuliren auch im letzten Grunde ein praktisches Erkenntniselement entspricht.

[1]) Fischer nennt die kosmol. Fr. im Gegensatz zur mor. „transscendental", dies entspricht der Ausdrucksweise K's in der Kr. d. r. V. u. d. Proleg., Schopenhauer dagegen bezeichnet auch die moralische Fr. mit transscendental (III, 474 – 475 u.), dem entspricht die Ausdrucksweise K's in d. Kr. d. r. V. S. 101, wo er die mor. Fr. als die transscendentale der psycholologischen gegenüberstellt. Uns scheint die Bezeichnung transscendental für den Freiheitsbegriff überhaupt zu passen, welcher sowohl die kosmolog. wie die mor. Fr. umfasst.

[2]) (Gesch. d. neueren Philos. (3. Ausgabe), III, 473—74, 494—95, 499—500; IV, 55, 82, 93.

Thatsächlich aber weist die ganze Darstellung der III. Antinomie auf ein Moment hin, wodurch uns mit der kosmologischen, auch die moralische Freiheit aufgedrängt wird. Vergleichen wir Thesis und Antithesis:

„Thesis: Die Kausalität nach Gesetzen der Natur ist nicht die einzige, aus welcher die Erscheinungen der Welt insgesamt abgeleitet werden können. Es ist noch eine Kausalität durch Freiheit zur Erklärung derselben anzunehmen notwendig.

Antithesis: Es ist keine Freiheit, sondern alles in der Welt geschieht lediglich nach Gesetzen der Natur."[1])

Die Thesis spricht von noch einer Art Kausalität, deren wir zur Erklärung der Erscheinungen der Welt insgesamt (als Totalität) bedürfen, also von der kosmologischen Freiheit. Die Antithesis dagegen negiert jede Freiheit, indem sie sich auf die Thatsache beruft, dass Alles in der Welt nach Gesetzen der Natur geschieht; sie stützt somit die Negation der Freiheit überhaupt, auch der kosmologischen, auf die Unmöglichkeit der moralischen. Dies zeigt sich noch deutlicher in der Beweisführung. Während die Thesis die Notwendigkeit der kosmologischen Freiheit betont, verlegt die Antithesis den Schwerpunkt ihres Beweises in die Unmöglichkeit der moralischen. Die Thesis beruft sich auf das transscendentale Bedürfnis der Vernunft, dem durch die „Vollständigkeit der Reihe der von einander abstammenden Ursachen" Genüge gethan werden müsse. In der Antithesis dagegen protestiert der Verstand hauptsächlich gegen den Eintritt der „Gesetze der Freiheit in die Kausalität des Weltlaufs", da eine solche Freiheit „den Leitfaden der Regeln abreisst, an welcher allein eine zusammenhängende Erfahrung möglich ist." Ganz unzweideutig kommt dieses Verhältnis in der Anmerkung zur Antithesis zum Ausdrucke: „Wenn auch indessen allenfalls ein transscendentales Vermögen der Freiheit nachgegeben wird, um die Weltveränderungen anzufangen, so wird dieses Vermögen doch wenigstens nur ausserhalb der Welt sein müssen ... allein in der Welt selbst, den Substanzen ein solches Vermögen beizumessen, kann nimmermehr erlaubt sein, weil sodann der Zusammenhang nach allgemeinen Gesetzen, sich einander notwendig bestimmender Erscheinungen, den man Natur nennt, und mit ihm das Merkmal aller empirischen Wahrheit, welches Erfah-

---

[1]) W. W. ed. Hartenstein (Leipzig 1867—68), Kr. d. r. V., III, 316 f.

rung vom Traum unterscheidet, grossenteils verschwinden würde." Die Antithesis will demnach keine Freiheit annehmen, weil, wenn sie auch die kosmologische zugeben könne, doch die moralische unmöglich sei. Enthielte nun das Postulat der kosmologischen Freiheit nicht zugleich das der moralischen, so bewiese erstens die Unmöglichkeit der moralischen Nichts gegen die kosmologische, zweitens aber auch würde die Antithesis eine Behauptung widerlegen, welche von der Thesis gar nicht aufgestellt worden ist. Wenn es aber auch zugegeben werden muss, dass die Auffassung Fischers in Kant selbst ihre Begründung hat (s. III. 372), so lässt es sich doch nach dem Angeführten nicht leugnen, dass die Beweisführung auf ein positives Bindeglied zwischen beiden Arten der Freiheit hinweist; der Widerspruch liegt somit in der Kantischen Darstellung selbst. — Und vergleicht man damit die Darstellung F.'s, so merkt man das Bestreben, diesen Widerspruch zu heben; was auch dazu beigetragen haben mag, dass der betreffende Absatz (a. a. O. Beweis der Antithesis) ziemlich dunkel ausgefallen ist. Es wird hier von „zwei succesiven Zuständen im Dasein der ersten Ursache" gesprochen, welche so verbunden sind, dass im zweiten die Handlung unabhängig vom ersten Zeitpunkt beginnt. Man weiss nicht recht, von welcher Freiheit hier die Rede sei. Die kosmologische scheint gemeint zu sein, wenn sich F. zwingt, das „Zerreissen des Leitfadens der Regeln der Erfahrung" so umzudeuten, dass ein „post hoc ohne propter hoc" angenommen wird, was auch bei der kosmologischen Freiheit geschieht. Fischer geht hier dem Ausdrucke „Unterbrechung der zusammenhängenden Erfahrung" sichtlich aus dem Wege; offenbar aus dem Grunde, da ein erstes „Von selbst Anfangen" die Erfahrung nicht unterbricht. —

Das positive Moment, welches uns von der kosmologischen zur moralischen Freiheitsidee führt, ergiebt sich uns aber leicht, wenn wir das Problem gleich bei der Ableitung des transscendentalen Bedürfnisses der Vernunft unter den erkenntnistheoretischen Gesichtspunkt stellen und mit dem Grundproblem der kritischen Philosophie, der Frage nach der Realität der Aussenwelt,[1]) in

---

[1]) Paulsen (a. a. o. S. 147—50, 182 ff.) hält das Problem der Realität nicht für den Mittelpunkt der Gedankenbildung Kants und meint, es sei für die „Kritik" von secundärer Wichtigkeit; dies ist aber eben nur mit der Einschränkung für die „Gedankenbildung", zu nehmen, wie sich ja auch P. selbst zur Einschaltung der restringierenden Bemerkung „ursprünglich wenigstens"

Zusammenhang bringen. Wir sehen auch Cohen, der in seiner erkenntnistheoretischen Begründung der Ethik auch das Freiheitsproblem auf der Grundlage der transscendentalen Erkenntnis behandelt, auf jenes von uns gesuchte positive Verhältnis der kosmologischen Freiheit zur moralischen hinweisen: „Die Ethik kann man daher bezeichnen als die Darstellung des regulativen Gebrauchs der kosmologischen Freiheitsidee."[1]) „Theoretisch genau ist dagegen zu sagen: dass in der, kraft der kosmologischen, auf die menschliche Handlung bezogenen, Dinge an sich berechtigten Freiheitsidee eine Ethik gefordert wird."[2])

In diesen Sätzen ist uns aber auch der Mittelbegriff gegeben, durch den uns das transscendentale Bedürfnis von der kosmologischen Freiheitsidee zur moralischen führt. Die kosmologische Freiheitsidee führt uns auf das Ding an sich der Wahrnehmungen (das transscendentale Objekt), und beziehen wir dieses auf die menschlichen Handlungen, so gelangen wir zur Idee der moralischen Freiheit. Diesen Gedanken Cohens wollen wir, da, wie wir sehen werden, seine Ausführung einer Ergänzung bedarf, in folgender Darstellung der III. Antinomie, die uns als Grundlage für die weitere Behandlung unseres Themas dienen wird, näher auseinandersetzen und seine Richtigkeit mit mehreren Stellen aus den kritischen Hauptwerken belegen:

Das gesamte Vermögen unseres Gemüts besteht aus **Naturbegriffen** und dem **Freiheitsbegriff**, den Naturbegriffen entspricht das Erkenntnisvermögen (im engeren Sinne) oder der **Verstand**, dem Freiheitsbegriff das (obere) Begehrungsvermögen oder die Vernunft.[3])

Wäre unser Gemüt nur mit dem Erkenntnisvermögen ausgestattet, so würden alle unsere Nachforschungen stets **innerhalb der Natur** bleiben. Der Verstand würde die Erscheinungen in ihrem Zusammenhange, nach seinen Regeln zu begreifen suchen, ohne jemals auf die Idee zu kommen, sich nach einer Ursache der Natur-

---

(S. 148, 183) veranlasst fühlt. Denn wenn auch K. erst vom Rationalismus zum transsc. Idealismus gelangte, so schliesst doch das nicht aus, dass Letzterer bei der Entwicklung des Kritizismus zum Grundgedanken des ganzen Systems werden konnte; was Schopenh. u. Fischer unzählige Mal hervorheben. Vgl. auch Paulsen selbst, Einleitung (1892), 50—51 u. 358—61, 400 f.

[1]) Kants Begründung der Ethik (1877) 88.
[2]) ibid. 115.
[3]) Kr. d. Urtheilskr., Einl., V, 177—203 u. die Tafel 204.

begebenheiten ausserhalb ihrer zusammenhängenden Kette umzusehen. Und wenn er auch zu jedem Bedingten eine Bedingung suchen würde, da dies seiner Natur entspricht,[1]) so würde er doch immer innerhalb des Natursystems bleiben. Seine Aufmerksamkeit würde stets auf das Verhältnis jedes Bedingten zu seiner ihm vorangegangenen Bedingung, nie aber auf die Totalität der Reihe der Bedingungen gerichtet sein. Und würde er auch in dieser Beschäftigung immer weiter hinauf im Regressus der Erscheinungen getrieben werden, so würde ihn das dennoch nie dazu bestimmen, seine Untersuchung innerhalb der Natur für abgeschlossen zu erklären, um ihr, als Totalität, eine letzte, ausser ihr stehende Bedingung vorzusetzen. Ein blosser Verstand würde also nie über die Grenzen der Erfahrung hinausblicken und der Empirismus wäre die einzige Denkart in der Wissenschaft geblieben.[2])

Besässe unser Gemüt nicht ausser dem Erkenntnisvermögen noch ein Begehrungsvermögen, den Freiheitsbegriff, so wäre Freiheit nie in die Wissenschaft eingeführt worden, und die spekulative Vernunft wäre nie vor das unauflösliche Problem der Antinomie gestellt.[3])

Da wir aber dieses Vermögen besitzen, so muss unser Denken, die theoretische Vernunft, zuletzt das Produkt der gesamten Vermögen unseres Gemütes darstellen, und der Freiheitsbegriff sucht sich in ihm einen möglichst adäquaten Ausdruck zu verschaffen.

So entsteht die Antinomie der Vernunft mit sich selbst.

Der Verstand hat das Bestreben, innerhalb der Erfahrung zu bleiben, da seine Funktion, wenn sie auch constitutiv ist, erst durch die sinnlichen Anschauungsformen Sinn und Bedeutung erhält. Die Vernunft hingegen will sich nicht auf das Gebiet der sinnlichen Anschauung beschränken und sucht unser Denken über das System der Natur hinaus zu erheben. Sie begnügt sich nicht mit der Nachforschung innerhalb der Erscheinungen am Leitfaden der Verstandesregeln, sondern sie fasst die Reihe der Bedingungen als eine abgeschlossene Kette in eine Totalität zusammen, um sie von aussenher zu erklären.

Es stehen sich also das Bedürfnis des Verstandes nach sinnlicher Anschauung und das transscendentale Bedürfnis der Vernunft nach Freiheitskausalität, beide gleich unabweisbar, einander gegen-

---
[1]) Kr. d. r. V. III, 177.
[2]) ibid. 333—34.
[3]) Kr. d. pr. V. V, 31—32.

über und erzeugen einen Widerspruch in unserem Denken. Das Kausalitätsgesetz, von dem unser Denken ursprünglich ausgeht, verwehrt dem Freiheitsbegriff den Eintritt in die Wissenschaft. Soll nun das Gesamtvermögen unseres Gemüts keinen Widerspruch in sich enthalten, so müssen diese beiden Arten von Begriffen, Natur und Freiheit, in eine höhere Ordnung auslaufen, sie müssen ein Continuum bilden.

Diese beiden Begriffsarten können aber nur dann als ein Continuum aufgefasst werden, wenn sie irgend ein gemeinsames Moment enthalten. Dieses gemeinsame Moment findet Kant in der Kategorie der Kausalität. Wenn der Freiheitsbegriff unser Gedanke wird, so muss er notwendig unter Eine unserer Denkformen fallen, diese ist aber keine andere als die der Kausalität.[1]) Das transscendentale Bedürfnis ist ja auch im Grunde nichts Anderes, als das Kausalitätsbedürfnis der Vernunft, im Regressus in die Reihe der Erscheinungen endlich einen Ruhepunkt, eine unbedingte Bedingung, zu finden. Der Freiheitsbegriff taucht also in unserem Denken als eine neue Art von Kausalität auf, als Solche aber steht er in keinem Widerspruche zur Naturkausalität des Verstandes. Letzterer, der an sich stets innerhalb der Natur bleiben würde, wird von der Vernunft durch den, beiden gemeinsamen Begriff der Kausalität zur Idee erhoben.[2]) Die Kategorie der Kausalität wird zur kosmologischen Freiheitsidee erweitert. Natur und Freiheit sind somit zwei verschiedene Arten von Kausalität.

Ist aber Freiheit nicht Gesetzlosigkeit, nicht die vollständige Negation der Kausalität, sondern eine andere Art Kausalität, und stehen die aus ihr fliessenden Ursachen zu den Naturursachen nicht mehr im Verhältnis der Kontradiktion, sondern in dem der Disjunktion, der Ungleichartigkeit, so hat es für den Verstand gar keine Schwierigkeit, wenn wir die Kette der von einander abstammenden sinnlichen Bedingungen in eine Totalität zusammenfassen, um sie insgesamt von einer Bedingung aus Freiheit abzuleiten. Denn die Verknüpfung eines Bedingten, als Wirkung, mit einer ungleichartigen Bedingung, als Ursache, ist dem Verstande auch sonst geläufig, da ja das Wesen der Kausalität in der Verknüpfung des Ungleichartigen besteht. Auch innerhalb des Natursystems wird dem Verstande keine Aufklärung darüber, wie

---

[1]) ibid. 108.
[2]) III, 351, 357, u. 369: …„welche d. Vernunft zu Ideen zu erheben trachtet."

aus einer gegebenen Ursache etwas ganz anderes als Wirkung folgen kann.[1] So wird die Kategorie der Kausalität zur Idee erweitert und die kosmologische Freiheit in die Wissenschaft eingeführt. Das transscendentale Bedürfnis der Vernunft führt uns aber, ebenso wie auf eine erste kosmologische Ursache durch Freiheit, auch auf die Idee eines transscendentalen Objekts. Würde unserem theoretischen Denken kein anderes Vermögen ausser dem Verstande zu Grunde liegen, so wären wir nie auf das Problem der Realität der Aussenwelt gekommen. Der Verstand würde den Prozess der Erkenntnis soweit verfolgen, wie etwa die empirische Psychologie, sofern sie die Untersuchung da abbricht, wo das Problem ins Transscendentale hinüberspielt. Er wäre nie auf die Idee gekommen, die wahrgenommenen Empfindungen, welche er zu einer Welt verarbeitet und aus denen er sich selbst konstruiert, von sich zu trennen und ein ihnen korrespondierendes transscendentales Objekt zu suchen. Er würde die Empfindungen, an der Hand des Kausalitätsgesetzes, durch die Leitung des Nervensystems regressiv in die Aussenwelt verfolgen, hier die Quelle des Reizes aufsuchen, um sie dann aus ihren Ursachen zu erklären, deren Bedingungen er weiter im Regressus nachforschen würde, ohne je das Bedürfnis zu empfinden, diesen Regressus zum Abschluss zu bringen.

Die Untersuchung des Erkenntnisprozesses führt also den Verstand auf jenen Weg, von wo aus ihn die Vernunft zur kosmologischen Freiheitsidee leitet. Das Problem der Realität der Aussenwelt wird somit dem Verstande von der Vernunft zugleich mit dem Problem der letzten kosmologischen Ursache aufgegeben, und das transscendentale Bedürfnis der Vernunft fordert die Totalität der Bedingungen des Erkenntnisprozesses mit eben derselben Unabweisbarkeit, wie die Totalität der Bedingungen irgend einer Naturbegebenheit.

Werden aber diese beiden Probleme dem Verstande zusammen aufgegeben, so werden wir es auch begreiflich finden, dass sie beide durch eine und dieselbe Idee in die Wissenschaft eingeführt werden. Die Idee der kosmologischen Freiheit bringt den Verstand dahin, seinen Kausalitätsbegriff auszudehnen und das Verhältnis von Ursache und Wirkung auch zwischen Sinnlichem und Uebersinnlichem

---

[1] ibid. 368—70 u. Proleg., IV, 91.

anzunehmen. Die Idee einer übersinnlichen Ursache von einer sinnlichen Wirkung enthält aber auch die einer letzten Ursache der Sinnlichkeit und all ihrer Empfindungen, die Idee eines transscendentalen Objekts, eines letzten Substrats der Erscheinungen, worauf selbst die sinnlichen Anschauungsformen mit allen „gegebenen" Empfindungen und die gesamte aus ihnen konstruierte Welt, als Totalität, zurückzuführen sind. Es ist ja im Grunde einerlei, ob der Verstand irgend einen Zustand der Aussenwelt oder den an seiner eigenen Rezeptivität wahrgenommenen Zustand zum Ausgangspunkt seines Regressus wählt; im ersten Falle gelangt er zur transscendentalen Welturasche, im zweiten zur Idee eines transscendentalen Objekts, des letzten Substrats aller Erscheinungen.

Das transscendentale Objekt führt uns aber auf das Ding an sich der menschlichen Handlungen und somit auf die Idee der moralischen Freiheit. Denn ebenso wie unsere Wahrnehmungen, müssen auch unsere Handlungen, in der Idee, als die erscheinenden sinnlichen Wirkungen einer nichterscheinenden übersinnlichen Kausalität betrachtet werden. Es ist ja im Grunde dasselbe, ob wir aus den Naturbegebenheiten Eine unserer Wahrnehmungen oder Eine unserer Willensregungen für unsere Betrachtung herausgreifen. Wir dürfen nicht vergessen, dass die uns vorschwebende Unterscheidung zwischen einer Wahrnehmung als äusserer Naturbegebenheit und einer die Handlung erzeugenden Willensregung als innerem Vorgang, auf dem Boden des transscendentalen Idealismus gar keine Bedeutung hat. Die ganze Aussenwelt ist ebenso sehr unsere Handlung wie unsere Willensakte und die Umsetzung derselben in That, desgleichen sind unsere Willensakte ebenso sehr Naturbegebenheiten wie die Aussenwelt und ihre Zustände. Beides ist uns durch Wahrnehmung gegeben. Unser eigenes Ich kennen wir, ebenso wie Alles ausser ihm, nur in der Wahrnehmung unseres Leibes und der an ihm sich vollziehenden inneren und äusseren Vorgänge. Die Erscheinung unseres Ich, folglich auch unsere Handlung, führt uns somit, ebenso wie die Wahrnehmung und der Erkenntnisprozess, auf die Idee eines letzten Substrats, das da erscheint.

Das letzte Substrat oder das Ding an sich unserer Handlungen ist aber nichts anderes als die moralische Freiheit. Die Freiheitsidee, zu der wir vom transscendentalen Bedürfnis der Vernunft gedrängt werden, betrifft somit nicht nur das kosmologische, sondern zugleich auch das moralische Noumenon; ja, im Grunde ist es ein und dasselbe Noumenon, zu dem wir beide Mal gelangen, nur ist immer der Ausgangspunkt des Regressus ein anderer. — Diese erkenntnistheoretische Begründung der Freiheit, welche Kant bei der Entwickelung der kosmologischen Idee in der Darstellung der dritten Antinomie vielleicht nur aus dem Grunde nicht hervortreten lässt, weil er den transscendentalen Idealismus erst zuletzt als „Schlüssel zur Lösung" einführen wollte, bricht in den Hauptwerken der kritischen Philosophie überall da durch, wo Kant die Freiheitskausalität der Handlung auf ihren engsten Ausdruck bringen will.

Folgende Stellen mögen in ihrem Wortlaute zitiert werden:

Kritik der reinen Vernunft:

S. 349 wird das transscendentale Objekt eingeführt: „Indessen können wir die blos intelligible Ursache der Erscheinungen überhaupt das transscendentale Objekt nennen, blos damit wir etwas haben, was der Sinnenwelt als einer Rezeptivität korrespondiert."

S. 373: „Wenn dagegen Erscheinungen für nichts mehr gelten als sie in der That sind, nämlich nicht für Dinge an sich, sondern blosse Vorstellungen, die nach empirischen Gesetzen zusammenhängen, so müssen sie selbst auch Gründe haben, die nicht Erscheinungen sind .... Die Wirkung kann also in Ansehung der intelligiblen Ursache als frei angesehen werden."

S. 374: „Denn da diesen (sc. Erscheinungen), weil sie an sich keine Dinge sind, ein transscendentaler Gegenstand zum Grunde liegen muss, so hindert nichts, dass wir diesem transscendentalen Gegenstand ausser der Eigenschaft, dadurch er erscheint, nicht auch eine Kausalität beilegen sollten, die nicht Erscheinung ist, obgleich ihre Wirkung dennoch in der Erscheinung angetroffen wird."

S. 375: „Dieser intelligible Charakter könnte zwar niemals unmittelbar gekannt werden, aber er würde doch dem empirischen Charakter gemäss gedacht werden müssen, so wie wir überhaupt einen transscendentalen Gegenstand der Erscheinung in Gedanken zum Grunde legen müssen, ob wir zwar von ihm, was er an sich selbst sei, nicht wissen."

S. 385: „Warum aber der intelligible Charakter gerade diese Erscheinungen und diesen empirischen Charakter unter vorliegenden Umständen gebe, das überschreitet soweit alles Vermögen unserer Vernunft es zu beantworten, ja alle Befugnis derselben nur zu fragen, als ob man früge: woher der transscendentale Gegenstand unserer äusseren sinnlichen Anschauung gerade nur Anschauung im Raume und nicht irgend eine Andere gebe."

Prolegomena:

S. 93—94: „Die Freiheit hindert also nicht das Naturgesetz der Erscheinungen, so wenig, wie dieses der Freiheit des praktischen Vernunftsgebrauchs, der mit Dingen an sich selbst, als bestimmenden Gründen in Verbindung steht Abbruch thut."
Auch die letzte erkenntnistheoretische Begründung des Imperativs (Grundlegung, IV, S. 301) gehört hierher.

Kritik der Urteilskraft:

Einl. S. 182: „Also muss es doch einen Grund der Einheit des Uebersinnlichen, welcher der Natur zum Grunde liegt, mit dem, was der Freiheitsbegriff praktisch enthält, geben, ..."

S. 202, A.: „.... und selbst die Kausalität der Freiheit (der reinen und praktischen Vernunft) ist die Kausalität einer jener untergeordneten Ursachen, ... von deren Bestimmung das Intelligible, welches unter der Freiheit gedacht wird, auf eine übrigens (ebensosehr, wie ebendasselbe, was das übersinnliche Substrat der Natur ausmacht,) unerklärliche Art den Grund enthält."

S. 462—63 A.: „.... welches einen Begriff von Freiheit und der Natur, ... voraussetzt, der eine Einsicht in das übersinnliche Substrat der Natur, und dessen Einerleiheit mit dem, was die Kausalität durch Freiheit in der Welt möglich macht, enthalten musste, die weit über unsere Vernunftseinsicht hinausgeht."

In all diesen Sätzen wird die moralische Freiheit mit dem übersinnlichen Substrat der Natur parallelisiert und die Einerleiheit derselben betont. Ob wir nun oben das Richtige getroffen haben, wenn wir sagten, Kant habe bei der Beweisführung die Hervorhebung dieses Momentes aus technischen Gründen unterlassen, oder nicht, soviel liegt klar: Unter dem erkenntnistheoretischen Gesichtspunkt betrachtet, liegt die moralische Freiheit auf der Verlängerungslinie der kosmologischen. Eine wahrgenommene Handlung und ein wahrgenommener Naturgegenstand führen uns auf ein und dasselbe Noumenon.

Obiger Gedankengang ist bei Cohen in folgenden Sätzen enthalten: „Indem wir den Kausalnexus in der Reihe der Erscheinungen durchgängig anwenden, gewöhnen wir uns, diese Verknüpfung unseres Denkens als einen nicht lediglich zum Behuf der Möglichkeit einer Erfahrung objektiven Zusammenhang der Erscheinungen anzusehen, sondern als die Wirkungsweise, des Ding an sich, zu dem wir die Erscheinungen hinausführen. Diese Wirkungsweise, zugegeben sie gehe vom Ding an sich aus, ist zu allererst immer nur eine Erscheinung ihres Einflusses auf unsere Sinne."
„Nun könnte aber jenes unbekannte Ding an sich noch andere Wirkungsweisen haben, welche nicht erscheinen. Vielleicht gehört in jenen etwaigen Zubehör des Ding an sich die — Freiheit, ..."[1])

Der Gedankengang ist in diesen Sätzen genau in dem oben dargestellten Sinne durchgeführt; allein gerade die Hauptpunkte, auf die es uns ankommt, vermissen wir in diesen Sätzen. Die Ueberleitung von dem kosmologischen Noumenon zum Ding an sich als Substrat der Erscheinungen ist hier mit dem ganz unbestimmten Ausdruck „gewöhnen wir uns" und von diesem zum Ding an sich unserer Handlungen mit der etwas dunklen Wendung: „Vielleicht gehört in jenen etwaigen Zubehör... die Freiheit" erledigt.

Näher kommt Cohen der obigen Ableitung in folgender Stelle: „Wie das Ding an sich nur die Bedeutung hat, oberhalb der Realität, welche das Gesetz besagt, Erkenntniswerte zu postulieren; den Abgrund der intelligiblen Zufälligkeit durch übersinnliches Sein zu decken, so auch kann das freie Noumenon keinen anderen Sinn haben, als: den in der endlosen Naturbedingtheit der menschlichen Handlungen gähnenden Abgrund jener intelligiblen Zufälligkeit zu übersteigen."[2])

Der Zusammenhang zwischen beiden Arten der transscendentalen Freiheit ist in diesem Vergleich entschieden ausgesprochen, suchen wir aber das innere Moment, das ihm zu Grunde liegt, so finden wir auf derselben Seite noch: „Da die Unterscheidung einmal gemacht ist, so ist es verständlich zu sagen, dem bereits proklamierten Noumenon könne auch der transscendentale Rest, welcher bei dem kausalen Begriff der menschlichen Handlungen sich fühlbar macht, zugewiesen werden."

So nahe auch die moralische Freiheit hier der kosmologischen

[1]) ibid. 115.
[2]) ibid. 108.

gebracht ist, so ist die Verbindung dennoch eine sehr lose: weil das Noumenon einmal proklamiert ist, so könne auch den menschlichen Handlungen ein solches untergelegt werden. Es handelt sich aber nicht um ein „Können", sondern um ein „Müssen". Wenn aber Cohen bald darauf sagt, dass im Grunde „jeder solcher Rest für sich der Anlass zur Aufstellung eines ihm entsprechenden Noumenon" sei, so ersehen wir daraus, wie sehr ihm die beiden Noumena, das kosmologische und das moralische, auseinanderfallen; während sie doch in Wahrheit Einunddasselbe sind, auf welche Identität es uns sehr viel ankommt.

In den von Cohen angeführten Stellen sind manche Wendungen und Ausdrücke, welche auf eine Auffassung der Freiheitskausalität beruhen, die der, dieser Abhandlung zur Grundlage dienenden, Schopenhauer-Fischer'schen entgegengesetzt ist. Darauf werden wir tiefer unten zurückkommen, wie wir überhaupt die eigentlich materiale Lösung des Problems der moralischen Freiheit, die Kant in der Lehre vom intelligiblen Charakter behandelt, aus später sich ergebenden Gründen, bis nach der Behandlung der positiven Freiheitslehre hinausschieben. Hier wollen wir nur den Gesichtspunkt fixieren, unter dem der Freiheitsbegriff, in moralischem Verstande, in das theoretische Denken eingeführt wird. Und da wir den erkenntnistheoretischen Charakter desselben erkannt haben, so haben wir in ihm zugleich den Gesichtspunkt gewonnen, von dem aus wir den Gegensatz Schopenhauers zu Kant in dieser Frage, schon gleich bei der Einführung des Freiheitsbegriffs, im Folgenden darzulegen und, in der Differenz des metaphysischen Grundprinzips beider Philosophen, zu begründen suchen werden.

Den Zusammenhang zwischen den Problemen der Freiheit und der Realität der Aussenwelt, den wir bei Kant nachgewiesen, finden wir bei Schopenhauer wieder. Wir sehen auch Schopenhauer selbst gerade da auf diesen Zusammenhang hinweisen, wo er sich der Kantischen Freiheitslehre (in der Lehre vom intelligiblen Charakter) anschliesst: „Hier ist nun der Ort, an die schon im vorigen Abschnitt erwähnte Darstellung zu erinnern, welche Kant von dem Verhältnis zwischen empirischem und intelligiblem Charakter und dadurch von der Vereinbarkeit der Freiheit und der Notwendigkeit gegeben hat, und welche zum Schönsten und Tiefgedachtesten gehört, was dieser grosse Geist, ja, was Menschen jemals hervorgebracht haben. . . . . Jenes von Kant dargelegte Verhältnis des empirischen zum intelligiblen Charakter beruht ganz und gar auf dem, was den Grundsatz seiner gesamten Philosophie ausmacht, nämlich auf der Unterscheidung zwischen Erscheinung und Ding an sich: und wie bei ihm die vollkommene empirische Realität der Erscheinungen zusammenbesteht mit ihrer transscendentalen Idealität; ebenso die strenge empirische Notwendigkeit des Handelns mit dessen transscendentaler Freiheit".[1])

Hat sich nun Schopenhauer nur im vollen Bewusstsein der, ihm mit Kant gemeinsamen Basis, des transscendentalen Idealismus, der Lehre vom intelligiblen Charakter, soweit sie mit seiner Philosophie vereinbar ist, angeschlossen, so werden sich auch seine Abweichungen von Kant, in der Freiheitslehre überhaupt, nur aus der Differenz beider Lehrmeinungen im transscendentalen Idealismus selbst erklären lassen.

Dies soll im Folgenden näher auseinandergesetzt werden.

Zunächst wollen wir die materielle Differenz in der Freiheitslehre selbst, der Hauptsache nach, fixieren:

Kant und Schopenhauer sind empirische Deterministen. Die empirische Notwendigkeit alles Geschehens ist in ihrem empirischen Realismus tief begründet, ja, sein eigentlicher Inhalt, und leidet gar keinen Abbruch. Kant betont dies an unzähligen Stellen seiner Hauptwerke, aber er weist darauf überall wie auf eine selbstverständliche Voraussetzung hin, auf die nicht weiter eingegangen zu werden braucht. Schopenhauer allerdings giebt in seinen Werken an vielen Stellen eine sehr weit und breit ausgeführte Darlegung des Determinismus. Dies ist aber, soweit sein Hauptwerk in Betracht kommt, darauf zurückzuführen, dass er der nachkantischen Philosophie, die das liberum arbitrium indifferentiae wieder aufgenommen, mit Nachdruck entgegenzutreten gezwungen war. Dass er aber in der Preisschrift: „Die Freiheit des Willens" mit einer solchen, geradezu überflüssigen Ausführlichkeit auf die Begründung des Determinismus eingegangen ist, rechtfertigt sich aus der Fragestellung der Societät und liegt in der Natur der ganz voraussetzungslosen Behandlungsweise, die bei der Bearbeitung von Preisaufgaben beobachtet zu werden pflegt. — Es hätte aber, wie gesagt, dieser weitläufigen Auseinandersetzung und Motivierung nicht bedurft. Denn

---
[1]) Freiheit des Willens, III, 474—75.

die empirische Notwendigkeit alles Geschehens ist ein Grundpfeiler der kritischen Philosophie und steht mit dem empirischen Realismus unerschütterlich fest.

Ebenso wie der empirische Determinismus im empirischen Realismus, ist auch die transscendentale Freiheit im transscendentalen Idealismus begründet. Beide Philosophen stimmen also darin überein, dass es trotz der absoluten Notwendigkeit eine Freiheit giebt. Die Hauptdifferenz, aus der sich alle Anderen konsequent ergeben, kann also nur die Fassung des Begriffs der Freiheit betreffen.

Nach Kant enthält der Begriff Freiheit auch ein positives Moment, nach Schopenhauer stellt Freiheit einen nur negativen Begriff dar. Wir sind noch nicht soweit, auf das Wesen des positiven Begriffs der Freiheit bei Kant einzugehen, aber soviel sehen wir schon jetzt, dass dieser Begriff, wenn er auch zunächst nur im negativen Verstande entwickelt ist, uns dennoch eine Aussicht auf seine positive Bedeutung eröffnet. Denn wenn wir auch von der positiven Wirksamkeit der Freiheit noch Nichts wissen, so wissen wir ja doch soviel, dass Freiheit Kausalität hat. Freiheit und Naturnotwendigkeit stehen sich schon jetzt als zwei verschiedene Arten von Kausalität gegenüber. Schon in der „Kritik", wo Kant nach seiner oft wiederholten Versicherung nur den negativen Begriff behandeln will, ist Freiheit mehr als blosse **Unabhängigkeit von der Naturkausalität**, es fehlt nur noch der rechte Name, das **Sittengesetz**, den Kant, ich möchte sagen, offiziell noch nicht nennen will.[1]) Bei Schopenhauer ist und bleibt Freiheit ein nega-

---

[1]) O. Thon, „Die Grundprinzipien d. K.'schen Moralphilosophie in ihrer Entwickelung" (Berlin 1895), S. 15, 39, 70, bezeichnet als ein Entwickelungselement den positiven Freiheitsbegriff, den K. bei der Abfassung der „Kritik" noch nicht gekannt haben soll. Dies widerlegt sich aus ganz unzweideutigen Aeusserungen K.'s, wie Kr. d. r. V. S. 383: „...., und diese ihre (sc. der reinen Vernunft) Freiheit kann man nicht allein als negativ, als Unabhängigkeit von empirischen Bedingungen ansehen, ..., sondern auch positiv durch ein Vermögen bezeichnen, eine Reihe von Begebenheiten von selbst anzufangen." Kant spricht auch schon jetzt vom „Sollen" und vom „Imperativ" der Vernunftskausalität (S. 379), vom „Gesetze der Vernunft" (S. 384) und von der „praktischen Freiheit", „in welcher die Vernunft nach objektiv-bestimmenden Gründen Kausalität hat". (Prolegomena. S. 98). Wenn nun Thon den Reicke'schen Aufsatz deswegen nur in die Zeit vor der Grundlegung versetzt, weil er in ihm den kategorischen Imperativ vermisst (S. 35), so hätte er ihn mit demselben Recht auch vor die Kritik setzen können. Erkannte denn nicht Thon im „Gesetze der Vernunft" und den „objektiv-bestimmenden Gründen

tiver Begriff: Es giebt nur eine Art Kausalität, nämlich Naturkautalität, und Freiheit bezeichnet einen Zustand, in welchem die Naturkausalität keine Wirksamkeit hat.

Wir haben gesehen, dass Kant zu seiner Fassung des Begriffs der Freiheit auf erkenntnistheoretischem Wege gelangt ist, wir werden nun jetzt weiter sehen, dass auch die Differenz beider Philosophen in der Begriffsbestimmung der Freiheit viel tiefer, in der verschiedenen Fassung und Lösung des erkenntnistheoretischen Grundproblems, seine Wurzel hat. — Zu diesem Behufe müssen wir auf den Ausgangspunkt der Schopenhauer'schen Philosophie zurückgreifen.

Den Ausgangspunkt und die geschichtliche Stellung seiner Philosophie markiert Schopenhauer folgendermassen.

Die Quelle aller Gegensätze in der Philosphie ist das erkenntnistheoretische Problem mit seinem antinomischen Gegensatz zwischen Subjekt und Objekt. Schon in der alten Philosophie lassen sich die Systeme in Objekts- und Subjektsphilosophie einteilen, aber den Alten ist dieser Gegensatz nicht recht zum Bewusstsein gekommen. Im vollen Bewusstsein des Gegensatzes traten diese beiden Betrachtungsweisen erst in der neueren Philosophie auf.

Locke leitet alle Erfahrung vom Objekt ab und der französische Materialismus, der im „Système de la nature" seinen letzten und präzisesten Ausdruck gefunden, führt alles Sein auf das Objekt zurück. Von der Existenz der greifbaren und mit allen Sinnen wahrnehmbaren Materie tief überzeugt und von der Bewunderung der ewigen unabänderlichen Naturgesetze hingerissen, setzte sich der Materialismus über den unvereinbaren Gegensatz hinweg und, ohne die Ueberbrückung dieser ungeheueren Kluft zwischen Subjekt und Objekt auch nur zu versuchen, leitete er Ersteres von Letzterem ab. In Wahrheit aber heisst dies nichts weniger als das Subjekt ableiten, vielmehr heisst das, das Subjekt überspringen, wie Schopenhauer sich ausdrückt, und das ausschliessliche Sein des Objekts proklamieren.

der praktischen Freiheit" das „Sittengesetz"? Aber Thon wollte per fas et nefas „Entwickelungselemente" erhalten und er fand sie auch da, wo es sich um die technische Verteilung des Stoffes für die ausführliche Darstellung handelt. — Es muss noch die sehr merkwürdige Thatsache hervorgehoben werden, dass Thon bei der Behandlung dieser Frage sich in seinen Anführungen ausschliesslich auf die „Methodenlehre" beschränkte und nicht ein einziges Mal Gelegenheit fand, auf die Auflösung der III. Antinomie zu verweisen; was um so mehr befremden muss, als Th. „das Ergebnis der Auflösung der dritten Antinomie" seiner Betrachtung zu Grunde gelegt haben will (S. 56).

Der Materialismus führt zum Resultat: **Objekt ohne Subjekt.** Der von Bacon ausgegangenen, von seinen Nachfolgern zum entschiedenen und konsequenten Materialismus ausgebauten Objektsphilosophie sehen wir von der anderen Seite die Subjektsphilosophie mit eben solcher Entschiedenheit und Konsequenz im Idealismus entgegentreten.

Der Anstoss geht von Descartes aus: Das Subjekt ist die einzig gewisse Thatsache, die die Grundlage alles Erkennens und Philosophierens bilden muss. Deskartes' Zweifel am Objekt war aber von vorn herein blos methodischer, keineswegs aber materialer Natur. Den entscheidenden Schritt in dieser Frage that Berkeley. Er geht von der richtigen Erkenntnis aus, dass der Materialismus, der die Materie gewissermassen als das Ding an sich betrachtet, ein unmöglicher Gedanke sei: ein Erkanntes ohne ein Erkennendes, Objekt ohne Subjekt. Statt aber diese richtige Erkenntnis festzuhalten, aus ihr die leicht sich ergebende Konsequenz zu ziehen und zur Einsicht zu gelangen, dass ebenso, wie Objekt ohne Subjekt, auch Subjekt ohne Objekt ein leerer Begriff sei, blieb Berkeley auf halbem Wege stehen und verfiel in das andere Extrem des Materialismus. Hat der Materialismus das Objekt für das einzig Seiende ausgegeben, so erklärte der Berkeley'sche Idealismus das Subjekt als das ausschliesslich Reale, während er dem Objekt nicht einmal soviel Rechnung trug, es auf irgend welche Weise vom Subjekt abzuleiten (wie es später Fichte versucht hat), sondern die ganze Welt der Objekte für leere Phantome erklärte, denen gar kein Sein zukommt.

Das letzte Resultat des Idealismus ist: **Subjekt ohne Objekt;** ebenso undenkbar wie sein Gegenteil.

Hierin, meint Schopenhauer, besteht der grosse Fortschritt der neueren Philosophie, dass sie den Gegensatz zwischen Realismus und Idealismus, zwischen Objekts- und Subjektsphilosophie auf die Spitze getrieben, die Kluft zwischen ihnen erweitert und eben dadurch das Problem der Realität der Aussenwelt von beiden Seiten beleuchtet und so seinen innersten Kern getroffen hat.

Die Thatsache des Problems war blosgelegt, und hier setzte der **Kritizismus** ein.

Kant sah die Berechtigung beider Betrachtungsweisen ein und suchte ihren Gegensatz dadurch auszusöhnen, dass er die Identität des Inhaltes von Subjekt und Objekt nachgewiesen. Subjekt und Objekt sind keine Gegensätze und es ist auch kein Unterschied, welches von Beiden zum Ausgangspunkt gewählt wird, man gelangt immer zu demselben Resultat. Alles, was der Realismus vor ihm nur im Objekt gefunden, entdeckte Kant auch im Subjekt. Realismus und Idealismus sind also keine Gegensätze, sie finden ihre Vereinigung im transscendentalen Idealismus.

So weit geht Schopenhauer mit Kant. Aber auch Kant, meint Schopenhauer, ist auf halbem Wege stehen geblieben, welches Stehenbleiben aber in der Folge einen Rückzug bedeutete. Hätte Kant seinen richtigen Gedanken, von der Identität des Inhalts von Subjekt und Objekt weiter ausgebaut, so hätte er zu folgendem Resultate gelangen müssen: der Inhalt des Objekts, Raum, Zeit und Kausalität (nach Sch. Raum + Zeit = Kausalität = Materie), ist schon im Subjekt enthalten; Subjekt und Objekt sind also untrennbar, sie sind korrelate Begriffe. Ein Subjekt ist nur für ein Objekt und ein Objekt nur für ein Subjekt da.

Diese letzte Konsequenz zieht Schopenhauer. Wenn Zeit, Raum und Kausalität (nach Sch. die einzig echte Kategorie, die alle Anderen umfasst) ebenso im Subjekte wie im Objekte enthalten sind, so können sie nicht als die oberste Form der Welt als Erscheinung angesehen werden, die oberste Form ist eben: Subjektsein-für-ein-Objekt und Objektsein-für-ein-Subjekt. Will man also den adäquaten Ausdruck der Welt als Erscheinung geben, so genügt es nicht zu sagen: die Welt ist Raum, Zeit und Kausalität; damit ist der Begriff „Welt" noch lange nicht erschöpft. Denn, da uns die Welt gleichsam zweimal gegeben ist, im Subjekt und im Objekt (s. Welt a. W. u. V. II, S. 17), so müssen wir einen Ausdruck haben, welcher diese Doppelseitigkeit umfasst und sie genau wiedergiebt. Dies treffen wir aber am Vollständigsten, wenn wir sagen: die Welt ist meine Vorstellung. „Vorstellung" setzt ein Vorstellendes und ein Vorgestelltes voraus, ist also der präziseste Ausdruck für die Korrelativität von Subjekt und Objekt.

So reiht Schopenhauer sein eigenes System an das Kantische an und gewinnt den ersten Kardinalsatz seiner Philosophie.[1]

Die Einsicht in diese Wahrheit, dass Objektsein-für-ein-Subjekt, und umgekehrt, die Grundform der Welt als Erscheinung sei und den Kategorieen des Verstandes vorangehe, bezeichnet den Scheidepunkt, wo die Wege unserer Philosophen auseinandergehen.

---

[1] Das Fazit der Sch.'schen Ausführungen: I, § 7, S. 60—71, 145—46, 226, 555; II. S. 9—13, 20—23; bes. was Kant betrifft: I., S. 69 u. 174.

Schopenhauer wird nicht müde immerfort auf diesen Satz, als das Fundament seiner Philosophie hinzuweisen. In den verschiedensten Fassungen und Wendungen kehrt dieser Satz in den Schriften Sch.'s immer wieder und wird zur Behandlung fast aller Probleme herangezogen.[1]

„Kants erster Fehler, sagt Sch., war die Vernachlässigung dieses Satzes"[2]. Eine Stelle in der ersten Ausgabe der „Kritik", welche Sch. mit diesem Satze in Uebereinstimmung bringen zu können glaubte, bewog ihn, jene Ausgabe der Zweiten vorzuziehen und sie als die allein echte und wahre Lehre Kants hinzustellen.[3] Und wo es nur irgend angeht, sucht er in seinem Bestreben, seine Philosophie als die Konsequenz der K.'schen hinzustellen, diesen Satz bei Kant wiederzufinden.[4]

Die Differenz beider Systeme, die sich aus der Vernachlässigung beziehungsweise Berücksichtigung dieses Satzes ergiebt, betrifft zunächst die **Ableitung des Ding an sich**, führt aber bald von dieser formalen Abweichung zu einer materialen, betreffend die **Erkennbarkeit des Ding an sich**.

Zum Ding an sich können wir auf doppeltem Wege gelangen: entweder durch den **Regressus** vom Bedingten zur Bedingung, also durch einen **Schluss**, oder durch **unmittelbare Anschauung**. Kant hat den ersteren, Schopenhauer den letzteren eingeschlagen.

Kant gelangt zur Idee eines Ding an sich mittels eines Schlusses nach dem **Kausalitätsgesetz**. Dieser Schluss ist nach Sch. die erste überaus verderbliche Inkonsequenz, welche Kant, aus Furcht vor der Identifizierung seiner Lehre mit dem Berkeley'schen Idealismus begeht: „Kant gründet die Voraussetzung des Dinges an sich, wiewohl unter mancherlei Wendungen verdeckt, auf einen **Schluss nach dem Kausalitätsgesetze**, dass nämlich die empirische Anschauung, richtiger die Empfindung in unseren Sinnesorganen, von der sie ausgeht, eine **äussere** Ursache haben müsse. Nun aber ist nach seiner eigenen und richtigen Entdeckung das Gesetz der Kausalität uns a priori bekannt, folglich eine Funktion unseres Intellekts, also **subjektiven** Ursprungs; ferner ist die Sinnes-

---

[1] I, S. 34, 43, 47, 60, 68, 145—46, 156, 163, 165, 166, 174, 184, 226, 240, 363 A., 364—65, 369, 374, 376, 488, 525, 526, 527 A.; Anhang 555, 576, 639 u...; II, S. 12, 13—14, 19, 20, 23—24, 26, 27, 28, 205, 225, 228, 233, 319, 570, 586, 756, 757 A.; III, S. 471 etc.

[2] I, S. 34, 240, 564—65 etc.

[3] ibid. 555.   [4] ibid. 639.

empfindung selbst, auf welche wir hier das Kausalitätsgesetz anwenden, unleugbar **subjektiv**; und endlich sogar der Raum, in welchen wir mittelst dieser Anwendung die Ursache der Empfindung als **Objekt** versetzen, ist eine a priori gegebene, folglich **subjektive** Form unseres Intellekts. Mithin bleibt die ganze empirische Anschauung auf **subjektivem** Grund und Boden, als ein blosser Vorgang in uns, und nichts von ihm gänzlich Verschiedenes, von ihr **Unabhängiges**, lässt sich als ein Ding an sich hineinbringen, oder als notwendige Voraussetzung darthun."[1]) Dass aber Kant diese Inkonsequenz auch nur möglich war, kann sich Sch. nur aus der Vernachlässigung jenes Satzes erklären, dass Subjekt und Objekt korrelate Begriffe sind: „Einige Beschönigung gewinnt Kants von ihm selbst verpönter Schluss auf das Ding an sich jedoch durch folgendes. Er setzt nicht, wie es die Wahrheit verlangt, das **Objekt als bedingt durch das Subjekt** und umgekehrt, sondern nur die **Art und Weise** der Erscheinung des Objekts als bedingt durch die Erkenntnisformen des Subjekts, welche daher auch a priori zum Bewusstsein kommen. Was nun aber im Gegensatze hievon bloss a posteriori erkannt wird, ist ihm schon unmittelbare Wirkung des Dinges an sich, welches nur im Durchgang durch jene a priori gegebenen Formen zur Erscheinung wird. Aus dieser Ansicht ist es einigermassen erklärlich, wie es ihm entgehen konnte, dass schon das Objektseyn überhaupt zur Form der Erscheinung gehört und durch das Subjektseyn überhaupt ebenso wohl bedingt ist, wie die Erscheinungsweise des Objekts durch die Erkenntnisformen des Subjekts, dass also, wenn ein Ding an sich angenommen werden soll, es durchaus auch nicht Objekt seyn kann, als welches er es jedoch immer voraussetzt, sondern ein solches Ding an sich in einem von der Vorstellung (dem Erkennen und Erkanntwerden) toto genere verschiedenen Gebiete liegen müsste und es daher auch am wenigsten nach den Gesetzen der Verknüpfung der Objekte unter einander erschlossen werden könnte."[2]) Schopenhauer hält diese Inkonsequenz bei der Ableitung des Ding an sich für das $\pi\varrho\omega\tau o\nu\ \psi\varepsilon\tilde{\nu}\delta o\varsigma$ Kants, und sie ist der Hauptvorwurf, den er ihm immerfort vorrückt.[3])

Der Differenzpunkt beider Philosophen liegt uns jetzt klar vor Augen:

---
[1]) ibid. 556—57.
[2]) ibid. 638—39.
[3]) ibid. u. 642—43; zu vgl. ibid. 559—60, 564, 632 u. II, 14, 18—20.

Nach Kant ist nur die Erscheinungsweise des Objekts durch die Erkenntnisformen des Subjekts bedingt. **Das Objekt an sich aber ist vom Subjekt unabhängig.** Könnten wir uns alle Subjekte hinwegdenken, so würden wir dadurch das **transscendentale Objekt** gar nicht treffen, das Objekt **ist**, gleichviel ob es ein Subjekt giebt, auf dessen Sinne es einen **Einfluss ausüben** kann oder nicht. Zwischen Subjekt und Objekt kann somit das Verhältnis der Kausalität stattfinden, und wir können vom Subjekt und seiner Sinnesempfindung als der **Wirkung** zum Objekt als **Ursache** aufsteigen. Denn, wenn wir auch Schopenhauer nicht zugeben, dass Kant das Ding an sich auf Grund des **Schlusses vom Bedingten zur Bedingung** setzt, und dem entgegenhalten, dass Kant das Ding an sich zuletzt auf das **praktische Datum**, das **Faktum der Vernunft**, gründet (s. Grundlegung IV, S. 298—300), so ist ja so viel jedenfalls evident, dass er sich dieses Schlusses zur Einführung des Freiheitsbegriffes in das **theoretische Denken** bedient hat. Die Erweiterung der Kategorie der Kausalität zur Idee, wodurch der Freiheitsbegriff zum Grenzbegriff unseres theoretischen Denkens wird, ist ja nichts Anderes als die Fortsetzung des Regressus in der Reihe der Bedingungen bis zu einer letzten **unbedingten Bedingung**, folglich ein Schluss nach dem Kausalitätsgesetz. Als Grenzbegriff für das theoretische Denken ist das Ding an sich nach Kant wirklich **erschlossen**. Schopenhauer hingegen hat sich diesen Weg abgeschnitten. Ein vom Subjekte **unabhängiges** Objekt ist ein Ungedanke, Subjekt und Objekt sind korrelate Begriffe, ein Objekt kann also nie **Ursache** der Sinnesempfindung des Subjekts sein.[1]) Wenn wir das Objekt unabhängig vom Subjekt existieren lassen, so ist es unbegreiflich, wie wir denn auf die Idee eines solchen Objekts gekommen seien. Wie kann das Subjekt über sich hinaus zur Erkenntnis eines Objekts? — Das war die Hauptfrage des erkenntnistheoretischen Problems. Diese ist dahin gelöst, dass Subjekt und Objekt eben nur für einander da sind und eine **Einheit** bilden. Wollen wir aber jetzt von einem **transscendentalen Objekt** sprechen, das unabhängig vom Subjekt existiert, so erhebt sich jene Frage von Neuem, wie kommt das Subjekt zu einer solchen Erkenntnis? — Von **aussenher** werden wir also dem Ding an sich nie beikommen. Dagegen aber eröffnet sich uns ein anderer Weg zur Er-

---

[1]) Vgl. I, § 5, 45 ff.

kenntnis des Ding an sich. Das theoretische Erkennen, der **Schluss**, führt uns auf keine Weise zum Ding an sich, dafür aber das **intuitive Erkennen der unmittelbaren Anschauung**. Sind in der Erscheinung Subjekt und Objekt durch einander bedingt, so müssen sie im letzten Grunde des Seins, im innersten Kern der Natur, ganz zusammenfallen. Wir müssen also unsern Blick dahin wenden, wo das **erkennende Subjekt** zugleich das **erkannte Objekt** ist, nach unserem eigenen **Inneren**. Dieser Weg zum Ding an sich hat aber auch den Vorzug, dass er uns auch zur Erkenntnis des **Wesens** des letzten Substrats der Natur führt. Während uns der K.'sche **Schluss** nur zur Erkenntnis, **dass es ist**, aber nicht **was es ist**, verhilft, können wir durch die „**enge Pforte**", welche uns in das **Innere** der Natur führt, auch das **Was** der Dinge erkennen. Und so erkennen wir das **Ding an sich in uns**, als „**den Willen**". Durch Analogie und tiefes Eindringen in das Wesen der Dinge, das sich in allem, was **Kraft und Leben** haucht, in gleicher Weise, kundgiebt, finden wir aber auch, dass der Wille das letzte **Was** der Natur ist: **Die Welt ist mein Wille**; der **zweite** Kardinalsatz der Schopenhauerschen Philosophie. Die Welt, die wir früher nur als Vorstellung kannten, in welcher Subjekt und Objekt, wenn sie auch durch einander bedingt sind, doch immer keine **Einheit** bilden, haben wir nun jetzt, gleichsam von Innen gesehen, als **den Willen** erkannt, wo jene **Zweiheit** sich in eine wahre **Einheit** auflöst.[1]

---

[1] ibid. 68, 150, 172, 175, 226; Anhang: 557, 642—43; II, 208, 209, 221—23, 226—29; bes. 227 u. 229; III, 288—89 u. 291; inzwischen scheint Sch. von seiner, ursprünglich ohne jeden Rückhalt ausgesprochenen Lehre: das Ding an sich, der Wille lege auch die letzte **Grundform** der Vorstellung ab, somit nicht in Subjekt und Objekt zerfalle, welche Lehre an zahlreichen Stellen, besonders unzweideutig aber in I, S. 68, 175 u. 226 vorgetragen wird, später insofern zurückgekommen zu sein, dass er, bei der Behandlung der Erkennbarkeit des Ding an sich, darauf hinweist, dass die Erkenntnis des Willens, wenn sie auch noch so unmittelbar ist, schliesslich doch in Subjekt und Objekt zerfällt, und daher auch nicht **vollkommen** sein kann (I, S. 228). Den Vorzug der Erkenntnis von Innen, führt hier Schopenhauer darauf zurück, dass er von **zwei Formen**, Raum und Kausalität, frei ist, dagegen aber der **Zeit** noch immer unterliegt; ein Begriff, der für Kants **innere Erscheinungen** gut passt, in Schopenhauers Philosophie dagegen nicht den rechten Platz findet. Diese Zurückrufung kommt hier ganz unerwartet, wiederholt sich aber viel entschiedener in II, S. 580—81 u. 756. In dieser seiner Ansicht von der Erkennbarkeit und der **Einheit** des Willens scheint Sch. schon früh wankend geworden zu sein, da er schon I, S. 102 (vielleicht ein späterer Zusatz) diese Lehre dahin einschränkt, dass das Ding an sich „nicht völlig" in die Grundformen eintritt und Subjekt und Objekt in ihm „nicht ganz deutlich" zu unterscheiden sind.

Kehren wir nach dieser weiten, aber zur tieferen Erfassung und gründlichen Entwicklung unseres Gegenstandes unumgänglich notwendigen Abschweifung zu unserem eigentlichen Thema zurück, so leuchtet es uns jetzt ein, dass der K.'sche Freiheitsbegriff, sofern er ein positives Moment enthält, für Sch. ein unmöglicher Gedanke ist. Der Freiheitsbegriff Kants setzt das vom Subjekt unabhängige transscendentale Objekt voraus. Freiheit ist das transscendentale Objekt unserer Handlungen, das von dem transscendentalen Bedürfnis der Vernunft ebenso gefordert wird, wie das transscendentale Objekt überhaupt als letzte Ursache unserer Empfindung, als letztes Substrat der Natur. Kant rettet den Freiheitsbegriff für die theoretische Erkenntnis durch die Erweiterung des Kausalitätsbegriffs, indem er zwischen Sinnlichem und Nichtsinnlichem das Kausalitätsverhältnis walten lässt. Freiheit als transscendentales Objekt ist aber ein eminent positiver Begriff: die ganze Erscheinung ist die Wirkungsweise des Ding an sich, daher ist auch der Begriff der moralischen Freiheit, die ja im Grunde nichts Anderes als das Ding an sich menschlicher Handlung ist, von vornherein mit dem positiven Moment der Wirksamkeit ausgestattet. Was uns hier in der „Kritik" zum vollständigen Inhalt des positiven Freiheitsbegriffs noch fehlt, ist nur noch die Wirkungsweise, die, nach dem von Kant in der Einleitung zur Kr. d. Urtkr. dargelegten Plan, zur Entwicklung des Freiheitsbegriffs und somit in die Moralphilosophie gehört. Dagegen braucht die Wirksamkeit der Freiheit, des Ding an sich der menschlichen Handlungen, nicht erst moralphilosophisch abgeleitet zu werden — dies wäre, nebenbei bemerkt, auch gar nicht möglich, und wir werden im nächsten Abschnitt sehen, dass Kant die Moralität zuletzt wieder auf einen erkenntnistheoretischen Satz zurückführt —, dieser, zunächst noch unbestimmte positive Inhalt geht schon aus der Entwicklung und Erklärung der Naturbegriffe an jenem Punkte, wo sie sich mit dem Freiheitsbegriff notwendig berühren müssen, aus dem erkenntnistheoretischen Problem, hervor. Gerade deswegen aber, weil der K.'sche Begriff der moralischen Freiheit in letzter Linie auf seiner Erkenntnistheorie beruht, ist er für Schopenhauer unmöglich. Subjekt und Objekt sind korrelate Begriffe, es kann also kein vom Subjekt unabhängiges transscendentales Objekt, kein von der Erscheinung verschiedenes, auf sie einwirkendes Ding an sich geben. Von einem „Ding an sich" können wir nur da reden, wo alle Gegensätze und alle Vielheit hinweggedacht werden, wenn wir vom principium individuationis ganz absehen und mit diesem Ausdruck das einheitliche, von jeder Zuthat reine Sein treffen wollen. Da finden wir aber nicht ein Etwas, das die Erscheinung bewirkt, sondern wir stossen auf den Inhalt der Erscheinung, auf den Kern der Natur. — Der Begriff der Wirksamkeit des Ding an sich, der Kausalität durch Freiheit, und somit der positive Begriff der moralischen Freiheit, kann gar nicht aufkommen.

So sehen wir die Differenz beider Philosophen gleich in der Fassung des Freiheitsbegriffs aus den entgegengesetzten Grundprinzipien ihrer Erkenntnistheorie sich ergeben. Noch deutlicher wird sich uns dieser Zusammenhang, der bis jetzt bei Schopenhauer nur im negativen Sinne nachgewiesen ist, aus der Lehre vom intelligiblen Charakter ergeben. Es soll hier jedoch die Darstellung der Freiheit als Fundament der Ethik vorangehen, wobei sich unser Blick für jene Gegensätze beider Philosophen schärfen wird, welche aus der positiven Freiheitslehre in die Lehre vom intelligiblen Charakter, die eigentliche Lösung des Freiheitsproblems, die sich Sch. in der Hauptsache aneignet, hineinragen.

II.
Freiheit als Fundament der Moral.

Freiheit ist in die Wissenschaft eingeführt. Die erste, ihrem Begriffe überhaupt, in kosmologischer sowohl wie in moralischer Beziehung, anhaftende Schwierigkeit, der Gegensatz zur Naturkausalität, ist überwunden. Freiheit und Kausalität sind keine Gegensätze. Nach der Erweiterung des Begriffs der Kausalität sind sie Unterarten der Kausalität als obersten Begriffs, sie bilden ein Continuum, indem die Freiheitskausalität die Ursache der Naturkausalität ist. Jetzt handelt es sich darum, den Begriff der Freiheit im positiven Verstande zu entwickeln, den wir als Grundlage der Moral erkennen werden.

Nun ist aber die eigentlich materiale Schwierigkeit des moralischen Freiheitsproblems, nämlich der widerspruchsvolle Begriff einer Aeusserung der Freiheit mitten im Laufe der Erfahrung, was von jeher den Kern des Problems ausmachte und in der Sprache der kritischen Philosophie Unterbrechung des Contextes der Erfahrung heisst, dadurch, dass wir diesem Begriff den Eintritt in unser theoretisches Denken verschafft haben, noch lange nicht gehoben. Durch die Beseitigung des logischen Gegensatzes ist die Möglichkeit der realen Existenz noch nicht nachgewiesen.

Wir sagten oben, dass Kant die eigentliche Lösung des moralischen Problems in der Lehre vom intelligiblen Charakter durchführt, welche wir bis nach der Entwicklung der positiven Freiheit hinausschieben. Folgende Bemerkung muss aber schon hier vorangeschickt werden:

Nach unserer Auffassung der Lehre vom intelligiblen Charakter hat Kant in der Darstellung derselben in der „Kritik" ausser der Schwierigkeit, welche dem Begriffe der moralischen Freiheit an sich anhaftet, noch einer anderen, nämlich dem Widerspruch der moralischen Freiheit zur kosmologischen, mit deren Hilfe sie gewonnen wurde, begegnen wollen: Während Freiheit als letztes Substrat der Natur (und der menschlichen Handlung) den transscendentalen Dualismus (s. III, Nachträge, S. 599) von Ding an sich und Erscheinung, in ein Continuum, in einen Monismus auflöst, beharrt die Freiheit als Moralität beim Dualismus, da dort, ohne den Gegensatz von Sinnlichkeit und Vernunft oder, was dasselbe ist, Natur und Freiheit, Moralität, deren Wesen in einem Imperativ besteht, unmöglich ist. Kant hat diese letztere Frage in die Auflösung der III. Antinomie, also in die eigentliche Lösung des Problems, so fein verwoben, dass es uns nicht ratsam schien, sie von einander zu trennen und gesondert zu behandeln. Und da der Widerspruch der Moralität mit der kosmologischen Freiheit erst nach der Durchführung und Begründung der Ersteren entwickelt und gehoben werden kann, so mussten wir die eigentliche Lösung des moralischen Freiheitsproblems bis nach der Darstellung der positiven Freiheitslehre hinausschieben.

Um aber jene Hauptschwierigkeit schon hier, im Umrisse wenigstens, zu erledigen, wollen wir, was auch als vorläufiger Beweis für die Richtigkeit unserer Auffassung, von der Aufgabe der Darstellung der „Kritik", dienen möge, auf die Prolegomena hinweisen, wo Kant die Lösung des Problems in aller Kürze mitteilt, ohne auch nur mit Einem Worte auf den Lehrbegriff des intelligiblen Charakters einzugehen.

Nachdem er den Freiheitsbegriff überhaupt gerechtfertigt und ihn auf das transscendentale Bedürfnis der Vernunft nach „intelligibler Kausalität" zurückgeführt, beschränkt sich Kant auf die Nachweisung, dass die moralische Freiheit auf keinen Fall störend in den Context der Erfahrung eingreife: „Denn was wird zur Notwendigkeit erfordert? Nichts weiter, als die Bestimmbarkeit jeder Begebenheit der Sinnenwelt nach beständigen Gesetzen, mithin eine Beziehung auf Ursachen in der Erscheinung, wobei das Ding an sich selbst, was zum Grunde liegt, und dessen Kausalität unbekannt bleibt. Ich sage aber: das Naturgesetz bleibt, es mag nun das vernünftige Wesen aus Vernunft, mithin durch Freiheit Ursache der Wirkungen der Sinnenwelt sein, oder es mag diese auch nicht aus Vernunftgründen bestimmen .... und in beiden Fällen hängen die Wirkungen nach beständigen Gesetzen zusammen; mehr verlangen wir aber nicht zur

Notwendigkeit, ja mehr kennen wir an ihr auch nicht. Aber im ersten Falle **ist Vernunft die Ursache dieser Naturgesetze und ist also frei**, im zweiten Falle laufen die **Wirkungen nach blossen Naturgesetzen der Sinnlichkeit**, darum, weil die Vernunft keinen Einfluss auf sie ausübt; ..." [1])
Die Erfahrung wird nicht unterbrochen, da **die Vernunft Ursache „dieser" Naturgesetze sei**. Die praktische Freiheit ist also gerettet. [2]) Aber in diesen Sätzen ist ein offenkundiger Widerspruch enthalten. Einerseits soll „jeder Begebenheit der Sinnenwelt" das Ding an sich „zum Grunde liegen", andererseits aber soll es auch Handlungen geben, auf die „**Vernunft keinen Einfluss ausübt**", und die nach „blossen Naturgesetzen der Sinnlichkeit" geschehen. — Doch Kant kümmert sich hier um diesen Widerspruch gar nicht, hat er ja die moralische Freiheit hier doch nur als „Beispiel" angeführt. In der Kritik dagegen, wo Kant die moralische Freiheit in merito behandelt, wird dieser Widerspruch beseitigt und auch die Auskunft: Freiheit sei die Ursache „dieser" Naturgesetze, wird des Näheren ausgeführt und beleuchtet. — Wir werden, wie gesagt, erst nach der Darstellung der positiven Freiheitslehre, zu der wir jetzt übergehen, auf diese Punkte eingehen können.

Auch in der positiven Freiheitslehre ist es hauptsächlich der erkenntnistheoretische Charakter derselben, den vorliegende Abhandlung hervorheben und besonders betonen will. Die Lehre der positiven Freiheit darstellen hiesse soviel, wie die Moralphilosophie Kants entwickeln, dies ginge über unser Thema weit hinaus, hier handelt es sich nur um die Hervorhebung eines Punktes, der, wie ich glaube, in den Darstellungen der Kantischen Philosophie bis jetzt nicht genügend gewürdigt worden ist. Für uns wird dieser Punkt von um so grösserer Wichtigkeit sein, als er uns die Basis zur Vergleichung des Schopenhauerschen Fundaments der Ethik mit dem Kantischen abgeben wird:

Das letzte Ziel der Kantischen Moralphilosophie ist die Begründung der Moralität auf Freiheit. Freiheit im moralischen Sinne muss aber einen Gegensatz zur Sinnlichkeit bilden, da das eigentliche Wesen der Moralität in der **Unterwerfung der Sinnlichkeit unter das Gesetz der Freiheit** besteht. Moralität ist ein Imperativ, sie gebietet, widder alle sinnlichen Neigungen nach Gesetzen der Freiheit zu handeln.

---

[1]) IV, 93.   [2]) ibid. 94.

Wie ist dieser Imperativ möglich? Das ist die letzte Frage zur Begründung der Moralität. Moralität ist auf Freiheit gegründet, das moralische Gesetz ist ein vom moralischen Subjekt sich selbst gegebenes Gesetz, das autonome moralische Subjekt gebietet sich selbst; es ist sein eigener Imperativ, dem er gehorcht. — Setzen wir aber auch alles das als bewiesen voraus, so fragt es sich doch immer noch: worauf aber gründet sich zuletzt dieser autonome Imperativ? Wenn das moralische Subjekt sich gebietet, die Sinnlichkeit der Freiheit und ihrem Gesetz zu unterwerfen, so muss es doch dazu irgend einen Grund haben. Worauf beruht die Prävalenz der Freiheit über die Sinnlichkeit? Warum soll das Naturgesetz dem Freiheitsgesetz das Feld räumen? Eine solche Prävalenz des Letzteren über das Erstere muss aber vom moralischen Subjekt erkannt und anerkannt werden, wenn es sich die Unterwerfung seiner Sinnlichkeit gebieten soll.

Die Antwort Kants auf diese letzte Frage hat, wie wir weiter unten sehen werden, selbst bei Darstellern Kants, wie Cohen und Fischer, nicht die genügende oder fast keine Berücksichtigung gefunden. Gerade dieser letzte Schritt in der Begründung der Moralität auf Freiheit ist es aber, worauf es uns hier ankommt.

Folgende Darstellung, in der wir uns selbstverständlich auf das strikte zur Begründung der Moralität auf Freiheit Gehörende beschränken werden, wird uns zeigen, dass der letzte Grund der Moralität im obersten erkenntnistheoretischen Satze des transscendentalen Idealismus wurzelt. Wir werden sehen, wie Kant diesem letzten Satze durch seine ganze Moralphilosophie zusteuert und wie dieser sich aus den Grundprinzipien der letzteren ergiebt und aus ihnen organisch herauswächst:

Um Moralität auf Freiheit gründen zu können, analysiert Kant den „nun einmal allgemein im Schwange gehenden Begriff der Sittlichkeit",[1]) konstruiert auf diese Weise alle zum Wesen der letzteren gehörenden Bedingungen, fasst sie in Formeln, um sie zuletzt auf ein gemeinsames Prinzip zu bringen, welches wir dann als das Prinzip der Freiheit erkennen.

Der Begriff Sittlichkeit, wie er dem gemeinen Menschenverstande sich darstellt, enthält: a) den Begriff eines an sich guten Willens, dessen Bestimmungsgrund nicht in der beabsichtigten Wirkung liegt,[2]) b) den Begriff der Pflicht; eine Handlung geschieht

---

[1]) Grundlegung IV, 293.   [2]) ibid. 241—42.

aus Pflicht, wenn ihr Bestimmungsgrund aus dem reinen **Prinzip des Wollens**, aus der **Maxime** fliesst.[1]) Eine Handlung ist somit sittlich, wenn ihr Bestimmungsgrund in der von jeder materiellen Triebfeder reinen „Vorstellung des Gesetzes" besteht. Eine echte sittliche Handlung muss aber nicht nur **unabhängig von der Sinnlichkeit**, sondern auch **wider die Neigungen der Sinnlichkeit geschehen**; dies liegt im Begriff Pflicht.[2])

Den so gewonnenen Begriff der Sittlichkeit stellt nun Kant unter den Gesichtspunkt des transscendentalen Idealismus.

Die Aussenwelt ist die Schöpfung unseres Verstandes, sie kommt durch die konstitutive Thätigkeit des erkennenden Subjekts zu Stande. Dieser Satz, der absolut genommen nichts Anderes als der **Berkeleysche Idealismus** ist, muss vom Standpunkte des transscendentalen Idealismus dahin eingeschränkt werden, dass die **Thätigkeit des Subjekts sich nur auf die Art und Weise, wie das Reale uns als Aussenwelt erscheint, sich bezieht, das Reale selbst hingegen, das da erscheint, besteht an sich, unabhängig vom Subjekt, seine Existenz ist somit wirklich eine objektive.**[3]) Das erkennende Subjekt, das in Bezug auf die Art und Weise der Erscheinung schöpferisch, **selbstthätig** auftritt, stellt sich nun, objektiv genommen, als **leidend** heraus, es wird vom realen Substrat durch die **Sinne affiziert**. Allem, was wir wahrnehmen, somit auch unseren Willensakten und den aus ihnen folgenden Handlungen, die wir ja auch nur aus der Wahrnehmung kennen, kommt also nur subjektive Realität zu, die objektive Seite der Realität hingegen wird von den Gesetzen des Verstandes nie erreicht.

Kämen nun Handlungen nur nach Naturgesetzen zu Stande, so wäre Sittlichkeit unmöglich.

Zur Sittlichkeit gehört nach der Analysis ihres Begriffs ein guter Wille, dessen Bestimmungsgrund im Pflichtgefühl, im reinen Prinzip des Wollens liegt, dessen Zweck (Gegenstand) auf keinen Fall in der beabsichtigten **Wirkung**, sondern in der beeinflussenden Vernunft selbst zu finden ist; dieses reine Prinzip des Wollens endlich muss, da es keine materielle Triebfeder leidet, von jedem empirischen **Inhalt** frei sein und nur in der **Form** eines Gesetzes bestehen. Letzteres wird auch noch von einem anderen, im Begriffe der Sittlichkeit enthaltenen Momente gefordert. Sittliche Gesetze

---

[1]) ibid. 245—46.
[2]) ibid. 250 f.
[3]) s. Schopenh. II, 15—16.

müssen allgemeine Giltigkeit haben: was ich für gut halte, kann und muss ich auch von allen anderen, mir gleichgearteten Wesen verlangen.

Alles das sind Begriffe, welche in einem Reiche, wo alles nur nach Naturgesetzen geschieht, von vornherein unmöglich sind. Wie soll es denn Handlungen aus einem reinen Prinzip des Wollens geben, wenn alle Vorstellungen des Subjekts nur durch Affizierung entstehen? Wie soll es einen Gegenstand in der Vernunft selbst geben, wenn es überhaupt keine Selbstthätigkeit in der Erzeugung der Vernunftvorstellung giebt? Wie soll es endlich ein allgemeingiltiges Gesetz geben, wenn alle handelnden Subjekte sich nur leidend verhalten und, wie die Erfahrung lehrt, nicht alle auf gleiche Weise affiziert und somit keinen gemeinsamen Willensgegenstand haben können? Ueberhaupt aber ist der Begriff eines moralischen Subjekts mit dem Begriff der Selbstthätigkeit, der moralischen Persönlichkeit, so eng verbunden, dass wenn wir uns die Letztere hinwegdenken auch das Erstere inhaltlos und sinnleer bleibt.

Den Begriff der Sittlichkeit als real vorausgesetzt, müssen wir vor allem, um ihm einen Inhalt zu verschaffen, die Möglichkeit von Willensaktionen annehmen, deren Motiv im reinen Prinzip des Wollens und deren Gegenstand nicht in der Wirkung, sondern in der den Willen bestimmenden Vernunft liegt. Soll aber dieses Prinzip des Wollens ein allgemeines, für alle moralischen Subjekte notwendiges Gesetz sein, so können Letztere keine anderen als vernünftige Wesen sein. Denn nur vernünftige Wesen, als sich selbst bestimmende, können in ihrem Willen übereinstimmen, und nur ein vernünftiger, auf Selbstthätigkeit beruhender Bestimmungsgrund ist objektiv-notwendig. Die „Vorstellung des Gesetzes" taugt nur dann zum sittlichen Motiv, wenn sie eine selbsterzeugte sei. Aus einer Verstandesvorstellung kann nie ein notwendiges Gesetz fliessen, da ihr ja nur in Bezug auf die Art und Weise des Seins Selbstthätigkeit zukommt, das objektiv Reale dagegen von ihr nie getroffen wird.

Ein moralisches Subjekt muss also ein vernünftiges Wesen sein.

Sittlichkeit enthält aber auch den Begriff der Pflicht und dieser den der Nötigung. Das Wesen der Moralität besteht in einem Imperativ. Ein rein vernünftiges Wesen aber muss auf die seiner Natur anhaftenden, aus seiner Selbstthätigkeit fliessenden Bestimmungsgründe nicht erst verpflichtet werden, folglich kann es kein moralisches Subjekt abgeben. Bei einem Wesen, bei welchem man von Pflicht redet, muss der an sich gute Wille auf Hindernisse stossen, er muss Neigungen bezwingen, denselben Abbruch thun und sich trotz ihrer durchsetzen. Ein rein vernünftiges Wesen (etwa Gott) kann wohl ein an sich guter Wille, nimmer aber ein moralisches Subjekt sein.[1]) Ein Imperativ, und dazu noch ein kategorischer Imperativ, wie er nun einmal im Begriffe der Sittlichkeit enthalten ist, setzt eben Bedingungen und Zustände voraus, die er nicht-berücksichtigt wissen will. Wo es keine, dem Imperativ entgegengesetzten Momente giebt, da bleibt seiner Kategorizität kaum noch der Schatten eines Begriffs. Das moralische Subjekt muss also sowohl subjektiven (sinnlichen) wie objektiven (vernünftigen) Gesetzen unterliegen, und das Wesen der Moralität besteht eben in dem Streben, beiderlei Gesetze in Uebereinstimmung zu bringen, d. h. das objektive Gesetz zu seinem subjektiven (zur Maxime) zu machen. Kurz, ein moralisches Subjekt muss dualistisch sein.

Mit diesem Gedankengange leitet uns Kant vom Begriff der Sittlichkeit im gemeinen Menschenverstande zur Metaphysik der Sitten über:

„Ein jedes Ding der Natur wirkt nach Gesetzen, nur ein vernünftiges Wesen hat das Vermögen, nach der Vorstellung der Gesetze, d. i. nach Prinzipien zu handeln, oder einen Willen. Da zur Ableitung der Handlungen von Gesetzen Vernunft erfordert wird, so ist der Wille nichts anderes als praktische Vernunft. Wenn die Vernunft den Willen unausbleiblich bestimmt, so sind die Handlungen eines solchen Wesens, die als objektiv notwendig erkannt werden, auch subjektiv notwendig, d. i. der Wille ist ein Vermögen, nur dasjenige zu wählen, was die Vernunft unab-

---

[1]) Otto Lehmann, „Kants Prinzipien der Ethik und Schopenhauers Beurteilung derselben" S. 24, hat unstreitig Recht mit seiner Behauptung, dass das Sittliche für den Fall, dass keine Menschen wären, keinen Sinn und Bestand hätte. Wenn Thon (a. a. O. S. 45—46 A.) sich auf den „unendlichen Progressus in der sittlichen Vervollkommnung" beruft und dadurch das Gegenteil beweisen will, so ist auf die eben von ihm ins Auge gefasste Stelle (Kr. d. pr. V. S. 34—35) zu verweisen. Kant sagt da ausdrücklich, dass das praktische Gesetz, das für alle vernünftige Wesen gilt, für die endlichen vernünftigen Wesen ein Sittengesetz und ein Imperativ ist. Die „allergenugsamste Intelligenz" setzt der ihr zukommende Begriff der Heiligkeit „über alle praktisch-einschränkende Gesetze, mithin Verbindlichkeit und Pflicht weg". Die Heiligkeit ist zwar eine „praktische Idee", das Urbild, nicht der, sondern für die Sittlichkeit, Sittlichkeit selbst hingegen ist ohne Imperativ undenkbar.

hängig von den Neigungen als praktisch notwendig, d. h. als gut erkennt. Bestimmt aber die Vernunft für sich allein den Willen nicht hinlänglich, ist dieser noch subjektiven Bedingungen (gewissen Triebfedern) unterworfen, die nicht immer mit den objektiven übereinstimmen, mit einem Worte, ist der Wille nicht an sich völlig der Vernunft gemäss (wie er bei Menschen wirklich ist), so sind die Handlungen, die objektiv als notwendig erkannt werden, subjektiv zufällig, und die Bestimmung eines solchen Willens, objektiven Gesetzen gemäss, ist Nötigung; ..... Die Vorstellung eines objektiven Prinzips, sofern er für einen Willen notwendig ist, heisst ein Gebot (der Vernunft) und die Formel des Gebots heisst Imperativ."[1])

Welche Bedeutung die Entgegensetzung „Wirken nach Gesetzen" und „Wirken nach Vorstellungen von Gesetzen" hat, können wir aus einer anderen Stelle ersehen, in der obiger Gedankengang viel deutlicher durchgeführt und die Momente subjektiv- und objektivnotwendig, in moralischer Beziehung, direkt erkenntnistheoretisch abgeleitet werden. Diese Stelle aus der Grundlegung (S. 298—300), da sie ganz hierher gehört und ihres Umfanges wegen nicht zitiert werden kann, wird hier als zugegen vorausgesetzt.

Die Hauptmomente der Sittlichkeit, wie sie Kant durch die philosophische Verarbeitung ihres Begriffs gewonnen hat, sind, nach dem Gesagten, folgende:

1. Das moralische Subjekt muss ein vernünftiges Wesen sein, das aber zugleich auch Neigungen der Sinnlichkeit unterworfen ist: Moralität erfordert ein dualistisches Subjekt.

2. Das moralische Motiv muss in der Vorstellung des Gesetzes liegen.

3. Das moralische Gesetz muss durch Selbstthätigkeit erzeugt und somit objektiv-notwendig sein.

4. Das moralische Gesetz muss als ein allgemeines Gesetz anerkannt werden.

5. Das Wesen der Moralität besteht in der Uebereinstimmung der subjektiven und objektiven Gesetze (Maxime).

6. Diese Uebereinstimmung ist durch die Unterwerfung der subjektiven Neigung unter das objektive Gesetz zu erreichen: Die Form der Ethik ist eine imperative.

---

[1]) IV, 260—61.

Diese Grundprinzipien fasst Kant in drei, sich auseinander ergebende Formeln, in welche Jene immer mehr unter einander verknüpft und zuletzt auf Ein Prinzip zurückgeführt werden.
Erste Formel. Aus der objektiven allgemeinen Giltigkeit des moralischen Gesetzes und der Uebereinstimmung desselben mit der subjektiven Neigung in der Maxime ergiebt sich: **handle nur nach derjenigen Maxime, durch die (sonst: von der) du zugleich wollen kannst, dass sie ein allgemeines Gesetz werde.**[1])
Zweite Formel. Das moralische Gesetz gilt für alle vernünftigen Wesen, der Zweck (Gegenstand) einer moralischen Handlung liegt in der bestimmenden Vernunft, alle vernünftigen Wesen, folglich auch die moralischen Subjekte, sind also als Zwecke zu betrachten: **handle so, dass du die Menschheit, sowohl in deiner Person, als in der Person eines jeden anderen, jederzeit zugleich als Zweck niemals als Mittel brauchst.**[2])
Dritte Formel. Stimmen aber die Maximen aller moralischen Subjekte zusammen und betrachten sich Letztere gegenseitig als Zwecke, so ist jedes Subjekt, in der Wahl seiner Maxime, nicht nur für sich selbst, sondern auch für alle anderen gesetzgebend. **Jede Maxime muss so sein, dass der Wille durch seine Maxime sich selbst zugleich als allgemein gesetzgebend betrachten könne**".[3])

Das letzte Prinzip der Sittlichkeit ist also Autonomie. Dieses Prinzip ist es aber auch, worauf es, für die Begründung der Ethik, hauptsächlich ankommt. Der Weg zur Begründung der Ethik auf Freiheit ist gebahnt.

Sittlichkeit ist vorläufig ein willkürlich angenommener Begriff, dessen Realität durch Nichts verbürgt ist. Nun kennen wir aber das oberste Prinzip der Sittlichkeit, dieses ist Autonomie. Setzen wir nun, auch das Prinzip der Freiheit wäre Autonomie, so würde die Realität der Sittlichkeit in der Realität der Freiheit (vorausgesetzt, dass diese irgendwie nachgewiesen werden kann) mitenthalten sein.

Und in der That, das oberste Prinzip der Freiheit ist nichts Anderes als Autonomie. Was ist Freiheit? — Freiheit ist nicht Gesetzlosigkeit, sondern eine höhere Art von Kausalität, und deshalb

---

[1]) ibid. 269.
[2]) ibid. 277.
[3]) ibid. 279, 282.

neben der Naturkausalität möglich. Freiheit und Natur stehen sich als zwei verschiedene, aber nicht entgegengesetzte Arten der Kausalität gegenüber. Was ist aber das Wesentliche, worin sich diese beiden Arten von einander unterscheiden? — Wir haben die Naturkausalität als die **Wirkung** der Freiheitskausalität erkannt, Freiheit ist das letzte Substrat der Natur, sie liegt „jeder Begebenheit der Sinnenwelt" als Ding an sich „zum Grunde". Naturkausalität ist also bedingt, Kausalität durch Freiheit dagegen können wir nur als „bedingend" nie als bedingt bezeichnen. Naturkausalität ist somit **Heteronomie**, Freiheitskausalität dagegen **Autonomie**.

Freiheit und Sittlichkeit beruhen also auf einem und demselben Prinzip.

Freiheit vorausgesetzt, ist auch Sittlichkeit wirklich. Die Frage nach der Realität der Sittlichkeit ist jetzt gleichbedeutend mit der Frage nach der Realität der Freiheit.

Nun wurde zwar die Möglichkeit einer Kausalität durch Freiheit, ja sogar ihre Notwendigkeit als eine vom transscendentalen Bedürfnis der Vernunft postulierte Idee, dargethan. Dadurch haben wir jedoch nur soviel gewonnen, dass wir den Freiheitsbegriff als den Grenzbegriff unserer Erkenntnis zulassen, dass aber einer solchen Kausalität wirkliche Realität zukommt, ist durch Nichts erwiesen. Die, auf Freiheit zurückgeführte Sittlichkeit läuft nun Gefahr, ebenso wie Jene als eine Idee betrachtet zu werden, von der man zwar als einem Ideal träumen, die aber nie als etwas Reales wird auftreten können, um Anspruch auf Anerkennung und gebietende Macht zu erheben.

Soll nun Freiheit das Fundament der Sittlichkeit werden, so muss uns jene durch ein **positives Datum** gegeben sein, und zwar muss dieses Datum, wenn es zur Begründung der Sittlichkeit, deren Wesen im reinen Prinzip des Wollens beruht, geeignet sein soll, rein von allen Erfahrungselementen, es muss a priori sein.

Dieses positive Datum der Freiheit entdeckt Kant im **moralischen Gesetze**. Das moralische Gesetz ist ein Faktum der Vernunft, es hat seine Realität in uns, es ist uns zugleich mit dem Bewusstsein unserer Existenz gegeben, es ist eine „praktische Erkenntnis"; diese Erkenntnis muss nicht erst wie eine theoretische erwiesen oder durch Anschauung bestätigt werden, da „die praktischen Begriffe a priori in Beziehung auf das oberste Prinzip der Freiheit sogleich Erkenntnisse werden und nicht auf Anschauungen warten dürfen, um Bedeutung zu bekommen, und zwar aus diesem merkwürdigen Grunde, weil sie die Wirklichkeit dessen, worauf sie sich beziehen, (die Willensgesinnung) selbst hervorbringen. welches gar nicht die Sache theoretischer Begriffe ist."[1]) Durch dieses Faktum der Vernunft gewinnt die Freiheit im Bewusstsein des moralischen Subjekts reale Existenz. Unser Freiheitsbewusstsein, oder der Freiheitsbegriff, von dem das Problem ausgegangen, ist auch nichts Anderes als das Bewusstsein des moralischen Gesetzes in uns. Das moralische Gesetz ist also die ratio cognoscendi der Freiheit, während die Freiheit die ratio essendi des moralischen Gesetzes ist.[2])

Der letzte Ausdruck der Sittlichkeit ist das moralische Gesetz, dieses entstammt der Freiheit, Sittlichkeit ist somit auf Freiheit zurückgeführt und die Realität der Ersteren ist durch die der Letzteren verbürgt. Indem sich die Freiheit unserem Bewusstsein durch ein autonomes praktisches Gesetz ankündigt, kündigt sie uns zugleich die Realität der Sittlichkeit an.

Jetzt nun tritt wieder die ursprüngliche Frage, in bestimmterer Fassung auf:

Wie ist ein kategorischer Imperativ möglich?

Das Identifizierungsprinzip der Sittlichkeit mit der Freiheit ist die Autonomie. In der Freiheitsautonomie erkannten wir das moralische Gesetz, in dem wir die schicklichste Formel des kategorischen Imperativs gefunden.

Wäre nun das moralische Subjekt ein rein vernünftiges Wesen, so würden wir es sehr leicht begreifen, wie das autonome Prinzip der Freiheit sein Imperativ wird. Dem ist aber doch nicht so. Das moralische Subjekt ist ein dualistisches Wesen und der kategorische Imperativ, das Wesen der Moralität besteht in der Nötigung, in der Unterwerfung der Sinnlichkeit unter das Gesetz der Freiheit. Das moralische Gesetz muss also schon von vorn herein in unserem Bewusstsein mit einer gewissen Prävalenz über die Sinnlichkeit auftreten. Es genügt nicht, wenn wir sagen, das moralische Gesetz sei objektiv, während unsere sinnliche Neigung subjektiv sei, denn es handelt sich nicht um eine Erkenntnis für Philosophen, sondern um ein praktisches Gesetz, dessen Verbindlichkeit alle moralischen Subjekte einsehen müssen. Sie müssen einsehen: „wie das zugeht". Die Freiheit, auf welcher die objektive Notwendigkeit

---

[1]) Kr. d. pr. V. V, 69—70,
[2]) IV, 294—96, mit Hinzuziehung d. Kr. d. pr.V., V, 4, 30, 49, 51 u.

des moralischen Gesetzes, und somit auch seine Verbindlichkeit, beruht, muss sich dem moralischen Subjekte als etwas seiner Sinnlichkeit Uebergeordnetes ankündigen.

In der That, sagt Kant, giebt es zwei verschiedene „Standpunkte", von denen aus wir uns selbst betrachten. Einerseits fassen wir uns als ein Stück Natur auf, andererseits aber setzen wir uns der Natur, als etwas ausser ihr Stehendes entgegen. Dieser Unterscheidung werden wir dadurch inne, dass wir in uns, ausser den unfreiwilligen Vorstellungen auch solche finden, die wir, wenn wir sie auch nicht näher bestimmen können, als unsere eigenen, ganz spontanen erkennen. Dieser Erkenntnis, welche sich „durch eine dunkle Unterscheidungskraft, die er Gefühl nennt", selbst dem gemeinsten Menschenverstande so oft aufdrängt, liegt die Thatsache des transscendentalen Idealismus zu Grunde.

Denn wenn auch nicht alle Menschen das wahre Sein des Ding an sich vom Sein der Erscheinung unterscheiden, so empfindet doch jeder, und sei es auch der roheste Verstand, dass sein wahres Ich etwas ganz Anderes sein müsse, als dasjenige, welches sich ihm in seinem Körper, seinen Beschaffenheiten und Handlungen darstellt. Das Alles erkennt er eben als das Besitztum seines Ich, dieses selbst aber muss etwas Anderes sein. Der Mensch fühlt somit, dass es ausser dieser Existenz, die ihm als die sinnliche bekannt ist, noch eine andere geben müsse. Durch diese dunkle Unterscheidung ist sich der Mensch gleichsam in zwei Welten gegeben, im mundus sensibilis und im mundus intelligibilis. Sein wahres Ich erkennt er als selbstthätig, daher die spontanen Vorstellungen, Sein Ich als Sinnenwesen dagegen als leidend. Die Erkenntnis des transscendentalen Idealismus ist somit jedem Menschen in der Doppelseitigkeit seines Ich gegeben. In dieser Erkenntnis ist aber schon die Prävalenz des Ding an sich über die Erscheinung, und dadurch auch die des objektiven Gesetzes der Freiheit über die Sinnlichkeit und ihre Gesetze, gegeben.

Diese dunkle Unterscheidung kündigt sich dem Bewusstsein zugleich mit dem moralischen Gesetze an, das Letztere tritt also von vorn herein mit einer Prävalenz über das Naturgesetz auf, und so ist ein kategorischer Imperativ möglich: „Das vernünftige Wesen zählt sich als Intelligenz zur Verstandeswelt, und blos als eine zu dieser gehörige wirkende Ursache nennt er seine Kausalität einen Willen. Von der anderen Seite ist er sich seiner doch auch als eines Stückes der Sinnenwelt bewusst. . . . . . Als blosen

Gliedes der Verstandeswelt würden also alle unsere Handlungen dem Prinzip der **Autonomie** des reinen Willens vollkommen gemäss sein, als blossen Stücks der Sinnenwelt würden sie gänzlich dem Naturgesetze der Begierden und Neigungen, mithin der **Heteronomie** der Natur gemäss genommen werden müssen ...... **Weil aber die Verstandeswelt den Grund der Sinneswelt, mithin auch der Gesetzte derselben enthält,** .... so werde ich mich als Intelligenz ... der Autonomie des Willens unterworfen erkennen, folglich die Gesetze der Verstandeswelt für mich als **Imperativen** und die diesem Prinzipe gemässen Handlungen als Pflichten ansehen müssen".[1])

Zu dieser Lösung der Frage bahnt sich Kant durch die ganze „Grundlegung" den Weg. Durch die ganze Darstellung tritt diese ursprüngliche Frage: wie ist ein kategorischer Imperativ, oder wie ist ein praktisch-synthetisches Urteil a priori[2]) möglich? in verschiedenen Fassungen auf und ihre endgiltige Erledigung wird immerfort zum **letzten Abschnitt** hinausgeschoben. In diesem Abschnitte wird die Sittlichkeit auf Freiheit zurückgeführt; jetzt aber tritt die eigentliche Frage noch einmal in ihrer ursprünglichen Fassung auf: wie ist ein kategorischer Imperativ möglich?, die K. in dem, mit dieser Frage überschriebenen Absatz endgiltig löst.[3])

Die letzte **synthetische** Begründung der Ethik ist somit der **erkenntnistheoretische** Hauptsatz des transscendentalen Idealismus: „Weil aber die Verstandeswelt .... enthält".

Und doch hat gerade dieser Satz bei den Darstellern der Kantischen Philosophie wenig Beachtung gefunden.

---

[1]) IV, 301—302; zur ganzen Darstellung 296—303 u. 305—310.
[2]) K. Fischer a. a. O. IV, 71.
[3]) S. 267 wird der kategorische Imperativ als das Wesen der Sittlichkeit hingestellt. 268 wird für den Imperativ die **Formel** gesucht, die Begründung derselben „**zum letzten Abschnitt** ausgesetzt". 273 **Noch** sind wir nicht **soweit** zu beweisen, dass es ein praktisches Gesetz wirklich gebe. 277: „Im **letzten Abschnitt** wird man die Gründe dazu finden." 279—80: „Dass es aber praktische Sätze gäbe, die **kategorisch gebieten können**", kann in „**diesem Abschnitt** noch nicht bewiesen werden. 288: „Dass diese praktische Regel ein Imperativ sei ... gehört nicht in **gegenwärtigen Abschnitt**." 293: „Dass Sittlichkeit kein Hirngespinnst sei, ... von welcher wir im **letzten Abschnitt** .... darzustellen haben. Endlich 295: „**Woher das moralische Gesetz verbinde**, können wir auf solche Art **noch nicht einsehen**". Hierauf die Lösung: „**Eine Auskunft ....**", nach welcher Betrachtung wieder die ursprüngliche Frage: „**Wie ist ein kategorischer ....**" aufgeworfen wird (301).

Kuno Fischer hält die Begründung der Ethik mit der Zurückführung der Sittlichkeit auf Freiheit für abgeschlossen: Das Sittengesetz ist der Erkenntnisgrund der Freiheit, die Freiheit ist der Realgrund der Sittlichkeit".[1]) Das ist der letzte Satz in Fischers Begründung der Moral. Er sieht also darin, dass Freiheit die ratio essendi des Sittengesetzes ist, den letzten Grund des praktisch-synthetischen Urteils, des kategorischen Imperativs. Er hält somit nicht nur den letzten Absatz: wie ist ein kategorischer Imperativ möglich?, sondern auch die ganze Auseinandersetzung Kants über das Bewusstsein des dualistischen Wesens, wodurch sich Kant den Weg zum letzten erkenntnistheoretischen Grunde des Imperativs bahnt, zur Begründung der Ethik für belanglos. Ohne diesen letzen Grund ist aber Nichts gethan. Denn dadurch, dass das moralische Gesetz seinen Realgrund in der Freiheit hat, ist seine Prävalenz über das Naturgesetz, auf die es ja hauptsächlich ankommt, noch lange nicht begründet; dazu gehört noch das Bewusstsein des moralischen Subjekts, dass die Verstandeswelt der Grund der Sinnenwelt sei.

Während aber dieser letzte Satz bei Fischer nirgends Berücksichtigung gefunden, wird die Betrachtung über die „zwei verschiedenen Standpunkte" in die Darstellung der Lehre vom intelligiblen Charakter eingeflochten; wir werden weiter unten Gelegenheit haben, zu sehen, was dieser Umstellung zu Grunde liegt.

Cohen citiert die einleitende Frage des letzten Abschnittes: „Warum aber soll ich mich diesem Prinzip unterwerfen...?.... Aber ich muss doch hieran notwendig ein Interesse nehmen und einsehen, wie das zugeht (S. 297)" fügt aber hinzu: „An dieser Frage ist zweierlei zu unterscheiden. Die Frage, wie das zugehe, ist theoretisch und verlangt daher noch einer Ursache. Darauf wäre also nur zu antworten: Die Möglichkeit einer Ethik ist die Ursache. Und wer sodann für diese die Ursache haben wollte, der wäre auf den Grenzbegriff der Freiheit zurückzuweisen. Wer aber in einem anderen Sinne, nämlich als einen Realgrund, die Ursache jener Form des Wollens, jener Gemeinschaft moralischer Wesen — auf die Auffassung Cohens vom Inhalte des Sittengesetzes, welche diesem Ausdruck zu Grunde liegt, kann hier nicht eingegangen werden, obgleich dieser Abhandlung eine andere Auffassung als Grundlage dient — wissen will, der würde nach der

---
[1]) IV, 79—81.

materialen Möglichkeit der Ursache fragen;..." Diese letzte Frage aber verweist Cohen auf die Antwort Kants: „Aber alsdann würde die Vernunft alle ihre Grenzen überschreiten, wenn sie es sich zu erklären unterfinge, wie reine Vernunft praktisch sein könne, welches völlig einerlei mit der Aufgabe sein würde zu erklären, wie Freiheit möglich sei (S. 306)."[1])

Dem ist entgegenzuhalten, dass Kant bei der Aufwerfung der Frage: wie das zugeht, bereits die Sittlichkeit auf Freiheit zurückgeführt hatte (294—96). Der in Rede stehende Absatz beginnt mit dem Résumé: „Wir haben den bestimmten Begriff der Sittlichkeit auf die Idee der Freiheit zuletzt zurückgeführt". Man kann also die Frage, die Kant aufwirft, keineswegs wiederum auf den Begriff der Freiheit verweisen. Das moralische Gesetz hat seinen Realgrund in der Freiheit, dadurch ist aber seine Prävalenz über das Naturgesetz nicht im Entferntesten begründet. Wer also nach dem Grunde der Unterwerfung fragt, der fragt nicht nach dem Realgrunde des Sittengesetzes; dieser ist ihm bereits bekannt, aber er kann Nichts mehr als die Realität des Sittengesetzes verbürgen.

Die Frage wie das zugeht, formuliert Kant bald darauf viel präziser: „woher das moralische Gesetz verbinde;" das „wie das zugeht" bezieht sich somit nicht auf die materiale Möglichkeit der Freiheitskausalität. Dies wäre nur die Frage: Wie ist die Verstandeswelt der Grund der Sinnenwelt? Und nur diese letztere Frage wird von Kant in der von Cohen angeführten Stelle zurückgewiesen. Dagegen hält Kant die Frage nach der Verbindlichkeit auch jetzt für berechtigt, was wir am Deutlichsten daraus ersehen, dass Kant nach der Zurückweisung jener Frage auf den Grund der Verbindlichkeit noch einmal zu sprechen kommt: Das moralische Gesetz interessiert, „weil es für uns als Menschen gilt, da es aus unserem Willen als Intelligenz, mithin aus unserem eigentlichen Selbst entsprungen ist; was aber zur blosen Erscheinung gehört, wird von der Vernunft notwendig der Beschaffenheit der Sache an sich selbst untergeordnet".[2])

Die Frage: wie das zugeht, oder: woher das moralische Gesetz verbinde, fragt eben weder nach dem Realgrunde des Sittengesetzes, noch nach der materialen Möglichkeit der Freiheitskausalität, sondern nur nach dem erkenntnistheoretischen Grunde der Verbindlichkeit des Freiheitsgesetzes, da nur ein vom moralischen

---

[1] a. a. O. 235—36.   [2] IV, 308—9.

Subjekt erkannter Grund, den Imperativ der Sittlichkeit genügend begründen kann. Kant hält diese Erkenntnis zur Begründung der Moral für so wichtig, dass er sich bemüht, die Natur dieser Erkenntnis dahin zu bestimmen, dass sie sich dem Subjekte in einem ganz eigenartigen, nicht-pathologischen Gefühle, der Achtung fürs moralische Gesetz ankündigt[1]), da es sonst unerklärlich wäre, wie diese Erkenntnis eine Triebfeder werden könne. — Aber Cohen sondert das Sittengesetz vom Pflichtgefühl ab, die Bedeutung des Letzteren, folglich auch des Imperativs, für die Ethik geht also verloren,[2]) und so erblicken wir darin nur die Konsequenz seiner Auffassung der Kantischen Moralphilosoblie, wenn er die Begründung der Verbindlichkeit des moralischen Gesetzes ablehnt und den ganzen Abschnitt der Kr. d. pr. V. „Von den Triebfedern" auf die angewandte Ethik bezieht.[3]) —

Unsere Darstellung ist fast ausschliesslich in dem Gedankengang der „Grundlegung" gehalten, wir wollen nun das Verhältnis der Kr. d. pr. V. zur Grundlegung, in Bezug auf die Begründung der Moralität auf Freiheit, bestimmen: Was die Kritik bis zur „Deduktion der Grundsätze" (S. 45) enthält, ist, soweit es die Identifizierung von Sittlichkeit und Freiheit betrifft, eine Wiederholung der Deduktion in der Grundlegung, in anderer und zwar umgekehrter Reihenfolge

In der Grundlegung geht Kant vom Begriff der Sittlichkeit im gemeinen Menschenverstande aus, führt sie auf das Prinzip der Autonomie zurück, um sie so auf Freiheit, deren Prinzip ebenfalls in der Autonomie beruht, begründen zu können. Die Aufgabe der Grundlegung war eben: die Quelle der Realität der Sittlichkeit nachzuweisen. Dies geschah in dem Hinweis auf die Freiheit. In der Kritik dagegen handelt es sich um die Nachweisung eines Vermögens in uns, woraus die Sittlichkeit fliesst; die Aufgabe der Kritik ist, den synthetischen Satz, dass reine Vernunft, dass Freiheit praktisch sein könne, in der Wirklichkeit nachzuweisen. Diese letztere Aufgabe ist bereits im letzten Abschnitt der Grundlegung im Umrisse erledigt, und insofern gehört auch dieser Abschnitt bereits zur Kritik,[4]) doch sollte sie in der Kritik ausführlicher und gründlicher gelöst werden. Dazu empfahl sich aber, den Aus-

---
[1]) V, 76 ff. vgl. grl. 249.
[2]) a. a. O. 220, 240 u. d. Kap. 2. d. II. Th.
[3]) a. a. O. Th. III. Kap. 1, 272 ff. u.
[4]) Grundlegung, IV, 293.

gangspunkt von der Freiheit zu nehmen, ihre Realität in uns nachzuweisen und sie dann als das Vermögen, sittlich zu handeln, zu erkennen. Hier sollten alle jene, in der Grundlegung, durch die Analysis des Begriffs, gewonnenen Momente der Sittlichkeit, zuerst in der Freiheit entdeckt werden, welche auf das Prinzip der Autonomie reduziert, das Prinzip und das Wesen der Sittlichkeit darstellt.
So sehen wir Kant, gleich nach der Festsetzung der Termini: Maxime, Imperativ (S. 19—20), Gegenstand des Willens (21—22) materialer und formaler Bestimmungsgrund (23—29) u., zur Aufgabe I übergehen, wo nachgewiesen wird, dass ein Wille, dessen Bestimmungsgrund nur in der Form eines allgemeinen Gesetzes liegen kann, unmöglich von den Naturgesetzen der Erscheinung abhängig sein könne. „Eine solche Unabhängigkeit aber heisst Freiheit im strengsten, d. i. transscendentalen Verstande. Also ist ein Wille, dem die blose gesetzgebende Form der Maxime allein zum Gesetze dienen kann, ein freier Wille" (S. 30). Die so bestimmte Freiheit wird dann auf das praktische Gesetz [1]), als ihre ratio cognoscendi, zurückgeführt [2]) um hierauf die erste Formel der Sittlichkeit (Grundl. S. 250, 269, 282 u. 285) hier als „Grundsatz der reinen praktischen Vernunft" zu erhalten. Der Satz. „Handle so, dass die Maxime deines Willens jederzeit zugleich als Prinzip einer allgemeinen Gesetzgebung gelten könne", tritt hier als „praktische Regel" auf (§ 7 u. Anmerkung, S. 32, 33). Darauf die Folgerung (S. 33): „Reine Vernunft ist für sich allein praktisch und giebt (dem Menschen) ein allgemeines Gesetz, welches wir Sittengesetz nennen". Die praktische Regel, welche wir als Eigenschaft der Vernunft, als das Prinzip des Wollens aller (auch reiner) vernünftiger Wesen erkannt haben, ist dem Menschen ein Sittengesetz. Hieran knüpft sich die Anmerkung über das Wesen der Sittlichkeit, welche ein dualistisches Subjekt (Pflicht, Nötigung) erfordert (S. 33—34), um hierauf, durch die Vermittelung des Prinzips der Autonomie, die endliche Identifizierung von Freiheit und Sittlichkeit durchzuführen (Lehrsatz IV, S. 35): Autonomie ist Unabhängigkeit von der Materie

---

[1]) Es ist bemerkenswerth, dass Kant hier das moralische Gesetz vorzüglich „unbedingtes praktisches Gesetz" nennt — weil es sich hier eben um die Nachweisung dieses Gesetzes in der praktischen Vernunft (d. Freiheit) handelt; diese Benennung findet sich jedoch auch schon in der Grundlegung.

[2]) Die Bestimmung des Verhältnisses zwischen Freiheit und dem moralischen Gesetz könnte als ein Fortschritt, in der Kritik, angesehen werden, jedoch ist dieses Verhältnis schon in der Grundlegung, wenn auch nicht so klar wie hier, angegeben, ja, Andeutungen darauf finden sich schon in der „Kritik".

und Bestimmung durch die Form, welches Beides das Prinzip der Sittlichkeit ausmacht. Unabhängig ist aber nichts Anderes als Freiheit im negativen, und eigene Gesetzgebung nichts Anderes als Freiheit im positiven Sinne.

Soweit die Ableitung der Sittlichkeit von Freiheit. Wir sehen, dass wir bis hierher keinen Fortschritt über die Grundlegung hinaus zu verzeichnen haben. Ja, wir sehen sogar, dass Kant bei der Rekapitulation der Analytik (vor der Deduktion, S. 45), in Bezug auf die Durchführung des moralischen Dualismus und die letzte Begründung des Imperativs, mit der Bemerkung: „denn dass Freiheit, wenn sie uns beigelegt wird, uns in eine intelligible Ordnung der Dinge versetze, ist anderwärts hinreichend bewiesen worden", auf den letzten Abschnitt der Grundlegung verweist.

Was nun jetzt, im Abschnitte von der Deduktion der Grundsätze, noch weiter folgt (S. 45—49) ist eine Erweiterung desselben Gedankens, der, soweit er zur Begründung der Ethik nötig war, bereits in der Grundlegung in der Auseinandersetzung des Unterschiedes zwischen den, der Selbstthätigkeit der Vernunft (Begehrungsvermögen) entsprungenen, und den, vom Verstande durch Affizierung erzeugten Vorstellungen (des Erkenntnisvermögens), ausgesprochen ist (IV. S. 260 u. 298—300). Alles somit, was Kant unter Exposition zusammenfasst (S. 49) ist schon in der Grundlegung geleistet; was eber die Deduktion betrifft, so besteht doch dieselbe in dem blossen Hinweis auf das moralische Gesetz als eine „über alle menschliche Einsicht erhabene Grundkraft", die uns als Faktum der Vernunft gegeben ist. Dieses Letztere geschieht hier allerdings mit viel grösserem Nachdrucke und ausführlicher als in der Grundlegung, im Wesentlichen jedoch ist es bereits dort gesagt (302, 303, 304, 305, 307, 309 etc.): Der Abschnitt von den Befugnissen (S. 53—60) fördert die Begründung der Sittlichkeit fast gar nichts, ist auch übrigens eine Wiederholung aus der „Kritik" und den Prolegomena besonders, wenn er auch hier, wie uns Kant versichert (S. 7), seine richtige Stelle findet.

Was jetzt noch kommt hat auf die Begründung der Moral weiter keinen Bezug, wenn wir auch nicht der Ansicht Cohens beipflichten können, dass die Behandlung des Imperativs als Triebfeder nicht mehr zur reinen, und die Untersuchung über den Gegenstand überhaupt nicht mehr zur philosophischen Ethik gehöre. Was das Erstere betrifft, wurde bereits darauf hingewiesen, dass es in der Konsequenz der erkenntnistheoretischen Begründung liegt, die praktische Erkenntnis in der Form eines **nichtpathologischen Gefühls** auftreten zu lassen, um dadurch sowohl der Reinheit des Sittengesetzes wie der Notwendigkeit der Berührung der praktischen Vernunft mit der Sinnlichkeit des moralischen Subjekts gerecht zu werden.

Um die Beziehung Schopenhauers zu Kant, in der Begründung der Ethik, fixieren zu können, muss vor allem auf die allgemein anerkannte Thatsache hingewiesen werden, dass Schopenhauer die Kantische Moralphilosophie von Grund aus missverstanden hat.

Den Grundirrtum Sch.'s erblicken wir, im Anschlusse an Cohen,[1]) in der psychologischen Auffassung der K.'schen Moralphilosophie. Um aber die Frage unter den leitenden Gesichtspunkt vorliegender Abhandlung zustellen, wollen wir den Sch.'schen Irrtum, in Bezug auf „das der Ethik von Kant gegebene Fundament", näher präcisieren:

Schopenhauer unterscheidet eine **empirische Basis** der Ethik, als solche erkennt er **das Mitleid**, und eine **metaphysische**, welche er im letzten Abschnitt seiner „Grundlage der Moral" behandelt. In seiner Annahme, dass Kant die empirische Basis der Ethik suche, widerlegt nun Sch. durch zahlreiche Angriffe, welche durchweg auf jener Voraussetzung beruhen, das K.'sche Fundament der Ethik und setzt ihm das Mitleid entgegen. In Wahrheit aber ist das Hauptziel der ganzen K.'schen Moralphilosophie nicht die **empirische**, welche er in die Anthropologie, in die Seelenlehre verweist,[2]) sondern ausschliesslich und allein die **metaphysische**, oder richtiger die **transscendentale Begründung der Ethik**. Der Sachverhalt ist so klar und deutlich, dass man sich verwundern muss, wie ihn Schopenhauer missverstehen konnte.

Dieser folgenschwere Irrtum hätte Schopenhauer aber nicht unterlaufen können, wenn er jenem so oft erwähnten und hervorgehobenen **letzten Abschnitt** der „Grundlegung" mehr Beachtung geschenkt hätte. Die Vernachlässigung dieses grundlegenden Abschnittes geht bei Sch. so weit, dass er Kant den Vorwurf macht, er hätte dem so unhaltbaren und in der Luft schwebenden mora-

---

[1]) a. a. O. 4—5, 10—11, 15, 123 ff., 129, 131 f., 137, 142—45, 273 f., 290 f.; Theorie d. Erfahrung (Berlin 1885) 584.

[2]) Grundlegung, S. 273; vgl. noch Kr. d. pr. V. V, 33: das Gesetz ist kein **empirisches**, sondern ein Faktum der reinen Vernunft (s. Sch. III, 525).

lischen Gesetze eine so ungeheure Last wie die Willensfreiheit aufgebürdet;[1]) diesen Vorwurf hätte man für unmöglich gehalten. Wäre nun Schopenhauer nicht von diesem falschen Gesichtspunkte in der Behandlung der Kantischen Moralphilosophie ausgegangen, so hätte es ihm unmöglich entgehen können, dass der „Gedankenprozess" kein „Motiv", sondern nur eine Formel zur Präzisierung des Begriffs Sittlichkeit ableiten will, um sie zuletzt auf Freiheit zurückzuführen; es hätte ihm auch nicht entgehen können, dass Kant eben jene metaphysische Basis der Ethik sucht und findet, die er auf Grund Kantischer Voraussetzungen entdeckt zu haben glaubt.

Sehen wir aber von Sch.'s eigener, auf jener falschen Auffassung beruhender Angabe seines Verhältnisses zu Kant in diesem Punkte ab, und suchen wir jene Beziehung auf Grund einer Vergleichung der Resultate beider Philosophen selbst zu konstruieren, so werden wir finden, dass sie beide darin übereinstimmen, dass die letzte Begründung der Ethik auf dem erkenntnistheoretischen Hauptsatz des transscendentalen Idealismus beruht. Wir werden sehen, dass nach Beiden der letzte Grund der Sittlichkeit in der Erkenntnis der Freiheit besteht, in dem Bewusstsein des moralischen Subjekts, dass das wahre Wesen der Dinge frei sei. Die Differenz wird auch hier im Begriffe der Freiheit liegen, welche, ursprünglich erkenntnistheoretische Differenz auch in der Ethik von tief einschneidender Bedeutung sich erweisen wird.

Bevor wir aber zur Darstellung der metaphysischen Begründung der Ethik nach Schopenhauer übergehen, müssen wir auch auf seine empirische Basis der Ethik, soweit sie von jener vorausgesetzt wird, kurz eingehen.

Schopenhauer gewinnt seine Basis der Ethik auf Grund folgender, aus der vorhergegangenen Untersuchung erhaltener Prämissen:

1. „Keine Handlung kann ohne zureichendes Motiv geschehen; so wenig als ein Stein ohne zureichenden Stoss oder Zug sich bewegen kann.

2. Ebenso wenig kann eine Handlung, zu welcher ein für den Charakter des Handelnden zureichendes Motiv vorhanden ist, unterbleiben, wenn nicht ein stärkeres Gegenmotiv ihre Unterlassung notwendig macht.

3. Was den Willen bewegt, ist allein Wohl und Wehe über-

---

[1]) Grl. d. Moral. III, 524.

haupt und im weitesten Sinne des Wortes genommen; wie auch umgekehrt Wohl und Wehe bedeutet ‚einem Willen gemäss oder entgegen.' Also muss jedes Motiv eine Beziehung auf Wohl und Wehe haben.

4. Folglich bezieht jede Handlung sich auf ein für Wohl und Wehe empfängliches Wesen als ihren letzten Zweck.

5. Dieses Wesen ist entweder der Handelnde selbst oder ein anderes, welches alsdann bei der Handlung **passiv** beteiligt ist, indem sie zu seinem Schaden oder zu seinem Nutz und Frommen geschieht.

6. Jede Handlung, deren letzter Zweck das Wohl und Wehe des Handelnden selbst ist, ist eine **egoistische**.

7. Alles hier von Handlungen Gesagte gilt ebensowohl von Unterlassungen solcher Handlungen, zu welchen Motiv und Gegenmotiv vorliegt.

8. Infolge der im vorhergehenden Paragraphen gegebenen Auseinandersetzungen schliessen **Egoismus** und **moralischer Wert** einer Handlung einander schlechthin aus. Hat eine Handlung einen egoistischen Zweck zum Motiv, so kann sie keinen moralischen Wert haben; soll eine Handlung moralischen Wert haben, so darf kein egoistischer Zweck unmittelbar oder mittelbar, nahe oder fern, ihr Motiv sein.

9. Infolge der in § 5 vollzogenen Elimination der Pflichten gegen uns selbt **kann die moralische Bedeutsamkeit einer Handlung nur liegen in ihrer Beziehung auf andere**, nur in Hinsicht auf diese kann sie moralischen Wert oder Verwerflichkeit haben und demnach eine Handlung der Gerechtigkeit oder Menschenliebe, wie auch das Gegenteil beider seyn." [1])

Aus diesen Prämissen ist evident, dass eine Handlung, welche irgendwie, und sei es in noch so entfernter Beziehung, egoistische Zwecke verfolgt, nimmer moralisch sein kann. „Wenn nun aber meine Handlung ganz allein des anderen wegen geschehen soll, so muss sein **Wohl und Wehe unmittelbar mein Motiv** seyn: so wie bei allen anderen Handlungen das meinige es ist. Dies bringt unser Problem auf einen engeren Ausdruck, nämlich diesen: **wie ist es irgend möglich, dass das Wohl und Wehe eines anderen unmittelbar, d. h. ganz so wie sonst, nur mein eigenes, meinen Willen bewege, also direkt mein Motiv werde**, und sogar es bisweilen in

---
[1]) III, 566—87.

dem Grade werde, dass ich demselben mein eigenes Wohl und Wehe, diese sonst alleinige Quelle meiner Motive, mehr oder weniger nachsetze? — Offenbar nur dadurch, dass jener andere der letzte Zweck meines Willens wird, ganz so wie sonst ich selbst bin: also dadurch, dass ich ganz unmittelbar sein Wohl will und sein Wehe nicht will, so unmittelbar, wie sonst nur das meinige. Dies aber setzt notwendig voraus, dass ich bei seinem Wehe als solchem geradezu mitleide, sein Wehe fühle, wie sonst nur meines. Dies erfordert aber, dass ich auf irgend eine Weise mit ihm identifiziert sei, d. h. dass jener gänzliche Unterschied zwischen mir und jedem anderen, auf welchem gerade mein Egoismus beruht, wenigstens in einem gewissen Grade aufgehoben sei. Da ich nun aber doch nicht in der Haut des anderen stecke, so kann allein vermittelst der Erkenntnis, die ich von ihm habe, d. h. der Vorstellung von ihm in meinem Kopfe, ich mich mit ihm so weit identifizieren, dass meine That jenen Unterschied als aufgehoben ankündigt. Der hier analysierte Vorgang aber ist kein erträumter oder aus der Luft gegriffener, sondern ein ganz wirklicher, ja keineswegs seltener: es ist das alltägliche Phänomen des Mitleids .... Allerdings ist dieser Vorgang erstaunenswürdig, ja mysteriös. Er ist in Wahrheit das grosse Mysterium der Ethik, ihr Urphänomen und der Grenzstein, über welchen hinaus nur noch die metaphysische Spekulation einen Schritt wagen kann. Wir sehen in jenem Vorgang die Scheidewand, welche nach dem Lichte der Natur (wie alte Theologen die Vernunft nennen) Wesen von Wesen durchaus trennt, aufgehoben und das Nicht-Ich gewissermassen zum Ich geworden."[1])

Schon in diesen Sätzen, welche wegen ihrer Bedeutung, als Ueberleitung zur metaphysischen Begründung der Ethik, hier im Wortlaute citiert worden sind, sieht man wie eng sich die Begründung der Moral bei Sch. an seinen metaphischen Grundgedanken anschliesst; dies soll uns aber erst in dem Gedankengang, in welchem Sch. jene metaphysische Begründung selbst durchführt, recht klar werden.

Wir haben oben gesehen, dass während Kant das Auftreten der Freiheit in der Wissenschaft auf den Freiheitsbegriff, somit den Gegensatz zwischen Realismus und Idealismus auf den Gegensatz von Natur- und Freiheitsbegriffen zurückführt, Sch. in diesen beiden

---

[1]) ibid. 589—90.

Denkweisen den Gegensatz von Subjekt- und Objektphilosophie erblickt, welchen Gegensatz und seine Überwindung er, als den Kern des erkenntnistheoretischen Problems in seiner metaphysischen Bedeutung, zum Hauptthema seiner Philosophie macht. Wir werden nun weiter sehen, dass ebenso wie Kant den Gegensatz von Natur- und Freiheitsbegriffen erst in der Moralphilosophie vollständig überwindet, so auch Sch. die Überwindung des Gegensatzes zwischen Objekt und Subjekt erst in der Ethik vollständig erreicht, indem er zuletzt das metaphysische und ethische Problem ineinanderfliessen lässt und die Aufgabe der Metaphysik überhaupt in die Erfassung der **ethisch-metaphysischen** Bedeutung des Daseins setzt.

Wie kann das **Subjekt** aus sich heraustreten, um das **Objekt** zu erfassen? — das ist das metaphysische Problem der **Erkenntnistheorie**; wie kann das Subjekt, das Jch, das Wohl und Wehe des Objekts, des **Nicht-Jch**, fühlen und zu seinem Motiv machen? — das ist das metaphysische Problem der **Ethik**.

Es liegt auf der Hand, dass diese beiden Probleme, auf ihren engsten Ausdruck gebracht, eine gemeinsame, aus einem Grundgedanken hervorgehende Lösung erhalten müssen. Sch. konnte in seiner incognito gehaltenen Preisschrift: „Die Grundlage der Moral" an seine Philosophie nicht direkt anknüpfen; berücksichtigt man aber was er nachher in den späteren Schriften ausführt und auch in der Preisschrift zwischen den Zeilen zu lesen ist, so stellt sich der Zusammenhang folgendermassen dar:

„Die Welt ist meine Vorstellung", das ist die eine Seite der Lösung des erkenntnistheoretischen Problems. Sowohl der Ausgang vom Subjekt, wie der vom Objekt allein ist verfehlt. Subjekt und Objekt sind von einander nicht zu trennen, sie sind korrelate Begriffe. Die Welt ist nicht mein Objekt, sondern meine Vorstellung, sie ist Subjekt und Objekt zugleich. Beim Prozesse der Erkenntnis der Aussenwelt erkennt nicht ein Subjekt als Primäres und aktives ein Subjekt als Sekundäres und passives, sondern es vollzieht sich in diesem Prozesse eine Begebenheit, in welcher Subjekt und Objekt als gleichwertige und simultane Momente anzusehen sind.

Bei dieser Lösung kann aber unser metaphysisches Bedürfnis seine Beruhigung noch nicht finden. Denn wenn wir auch die Welt als eine Vorstellung, als eine korrelative Einheit von Subjekt und Objekt erkennen, so unterscheiden wir doch die beiden Seiten dieser Einheit ganz genau von einander. Die Welt stellt sich uns somit als ein Kompositum dar, dessen Grundelemente wir zwar nie isoliert erkennen, dessen Zweiheit nichtsdestoweniger keinem Zweifel unterliegt. Solange aber noch auch nur der Schatten einer Zweiheit den eigentlichen Vorgang des Erkenntnisprozesses verdunkelt, bleibt jenes metaphysische Wunder unaufgeklärt: Wie ist diese Vereinigung von Subjekt und Objekt, wie ist eine Vorstellung möglich? In der Welt als Vorstellung erkennen wir noch lange nicht das wahre Wesen der Dinge. Das wahre Wesen muss nicht nur in einer unzertrennbaren und unlösbaren Korrelation zweier, immerhin von einander zu unterscheidender Elemente, sondern in einer wahren Monas bestehen. Jede Vielheit, und sei es die kleinste, die Zweiheit, wenn sie auch noch so gründlich in einer höheren Einheit aufgehoben wird, bietet dem Gedanken noch immer einen Anhaltspunkt zum weiteren Grübeln, nur vor einer absoluten, von allen Seiten unzugänglichen Einheit macht der menschliche Gedanke Halt und begnügt sich mit der Bewunderung ihrer Unbegreiflichkeit.[1])

Darauf antwortet der zweite Kardinalsatz der Schopenhauerschen Philosophie: „Die Welt ist mein Wille." Die Welt als Vorstellung ist an die sinnlichen Anschauungsformen, Zeit und Raum, und an die Denkform des Satzes vom zureichenden Grunde gebunden, daher erscheint die Einheit im Lichte des prinzipium individuationis, in der Form eines aus Subjekt und Objekt zusammengesetzten Doppelwesens; dies ist aber eben nur Vorstellung, Erscheinung, der Inhalt der Erscheinung hingegen, der Wille ist über jene Formen erhaben und das wahre Wesen der Dinge tritt in ihm als strenge, von keiner Seite anzufassende Einheit auf.

Auf Moral angewendet:

Alles was mein Motiv werden soll, muss meine Vorstellung sein. Das handelnde Subjekt ist ein durch seine Haut abgeschlossenes Individuum, und alles was dieses in Bewegung setzen und zu irgend einer Handlung veranlassen soll, muss sich in seinem Innern abspielen. Dies verlangt der Satz vom zureichenden Grunde.

Ein Blick auf die gesammte Natur belehrt uns, dass jede Veränderung der Lage oder des Zustandes irgend eines leblosen oder lebenden Körpers, mag bei ihm der zureichende Grund, die Kausalität, als Ursache, Reiz oder Motiv auftreten, zuletzt seinen Grund in diesem Körper selbst hat.

Am Deutlichsten sehen wir dies bei der Ursache, in der an-

---

[1]) Vgl. Paulsen, Einleitung, 48, 49, 57.

organischen Natur, wo sich jede Veränderung auf Berührung zurückführen lässt. Weniger deutlich, aber noch immer greifbar genug, ist dies in der Pflanzenwelt, beim Reize, der Fall. Schreiten wir aber von den Naturbegebenheiten zu den Handlungen fort, zunächst zur niedrigsten Art derselben, zu den Handlungen der Tiere, so ist hier die Kausalität nicht mehr so greifbar und unmittelbar, wie in den beiden leblosen Bereichen der Natur, die Kausalität tritt hier als Motiv auf. Die Verdunkelung der Kausalität in der belebten Natur rührt daher, dass in die einheitliche, von keinem Subjekts- und Objektsverhältnis gestörte Naturbegebenheit, durch das Hinzukommen der Vorstellung, ein Zwiespalt hineingetragen wird: Eine Handlung ist eine von Vorstellungen begleitete Naturbegebenheit. Mit der Vorstellung tritt aber auch das Verhältnis von Subjekt und Objekt ein. In einer Naturbegebenheit unterscheiden wir, da keine Vorstellung im Spiele ist, die zum Zustandekommen derselben beitragenden Dinge nicht nach dem Gesichtspunkt des Subjekts- und Objektsverhältnisses. Dieses Letztere ist die Eigentümlichkeit der Vorstellung. Eine Naturbegebenheit nähert sich also dem vollkommenen Begriff der Handlung umsomehr, je mehr Vorstellungen ihrem Motiv zu Grunde liegen, und je verwickelter die Kombination der Jenes erzeugenden Vorstellungen, desto schwieriger die Erklärung dieser Handlung. Daher die überaus grosse Schwierigkeit, den Handlungen der Menschen auf den Grund zu kommen. — Diese Schwierigkeit beruht im Grunde auf der allzugrossen Entfernung des Objekts vom handelnden Subjekt. Je mehr nun Subjekt und Objekt einer Begebenheit auseinander gehen, je näher Letztere dem Begriffe der Handlung kommt, desto unerklärlicher wird sie uns.

Sowie nun der Erkenntnisprozess aus der Korrelation von Subjekt und Objekt, so erklärt sich die Möglichkeit einer Handlung nur durch die Beziehung zwischen Subjekt und Objekt. Die durch die Vorstellung erzeugte Schwierigkeit wird dadurch gemildert, dass sie eben die Vorstellung vom Objekte im Subjekte ist, sodass unter beiden eine Beziehung besteht. — Was erkenntnistheoretisch Korrelation, ist in der Welt der Begebenheiten Relation. Bestände nicht eine Korrelation zwischen Subjekt und Objekt, so wäre die Erkenntnis der Aussenwelt unmöglich: ebenso, bestände nicht eine Beziehung zwischen Subjekt und Objekt, so wäre eine Handlung, diese höher entwickelte Art der Naturbegebenheit, unmöglich. Der erste Kardinalsatz der Sch.'schen Philosophie erklärt somit auch die Möglichkeit der Handlungen überhaupt: Die Welt. als Summe von Objekten. ist meine. des Subjekts. Vorstellung: zwischen Subjekt und Objekt herrschen ununterbrochene Beziehungen. Ebenso wie ein Subjekt ohne Objekt. so ist auch ein von allen Objekten isoliertes. zu ihnen in keiner Beziehung stehendes Subjekt auch nur zu denken unmöglich. —

Die Vorstellung. welche im Subjekte das Motiv zur Handlung erzeugt, ist nach dem Gesagten der Schlüssel zur Erklärung der Handlungen: mit dem Objekte stellt das Subjekt zugleich die Beziehung vor, was sich gleich in ein Motiv verwandelt. Finden wir aber Handlungen. deren Objekte auf keine Weise in irgend welche Beziehung zum handelnden Subjekte sich bringen lassen, so sind diese Handlungen ein metaphysisches Rätsel.

Solche sind aber die moralischen Handlungen: Eine Handlung ist moralisch, wenn sie ohne Mitwirkung jedes mittelbaren oder unmittelbaren, nahen oder fernen egoistischen Motivs geschieht. Das heisst aber soviel wie: Eine Handlung ist moralisch, wenn das Objekt derselben in keine Beziehung zum Subjekt gebracht werden kann. Damit haben wir aber das verbindende Mittelglied aufgegeben, ohne das eine von Subjekt und Objekt gemeinsam erzeugte Begebenheit. eine Handlung. unmöglich ist. Wie ist nun Moral möglich? Wie soll ein Objekt, das zu mir in gar keiner Beziehung steht. wie soll ein Anderer, sein Wohl und Wehe, mein Motiv werden? Wodurch wird diese Kluft zwischen Subjekt und Objekt überbrückt? —

Darauf antwortet der zweite Kardinalsatz der Sch.'schen Philosophie: „Die Welt ist mein Wille."

In der Welt als Willen fallen Subjekt und Objekt zusammen. Bei moralischen Handlungen tritt an Stelle der Vorstellung von der Beziehung des Objekts zum Subjekt die metaphysische Erkenntnis, dass der Unterschied zwischen Subjekt und Objekt. zwischen Ich und Nicht-Ich das wahre Wesen der Dinge gar nicht trifft. Jenes ist der sich ewig gleichbleibende Wille, das Ἐν καὶ πᾶν, der innerste Kern aller Wesen.

Der moralische Mensch wird von dieser Erkenntnis. welche einen grösseren oder geringeren Grad von Deutlichkeit haben kann. geleitet. Das moralische Subjekt identifiziert sich mit dem Objekt und erkennt in ihm nur sich selbst wieder; es erkennt. dass alle Vielheit nur in der Erscheinung ist. und dass Letzterer ein ewig einiges Grundwesen zu Grunde liegt, welches uns nur durch das prinzipium individuationis, Raum, Zeit und Kausalität als Vielheit erscheint. Der Mensch ist je moralischer, je deutlicher ihm jene Wahrheit zum Bewusstsein kommt und je tiefer er von ihr überzeugt ist. Der Verschiedenheit der Charaktere, moralisch und unmoralisch, oder egoistisch und altruistisch liegt demnach eine verschiedene Auffassung, eine verschiedene Weltanschauung zu Grunde. Der Egoismus zieht eine feste Grenze zwischen Ich und Nicht-Ich, der Altsuismus dagegen hebt diesen Unterschied gänzlich auf und identifiziert das Ich mit dem Nicht-Ich: „Die Individuation ist real, das principium individuationis und die auf demselben beruhende Verschiedenheit der Individuen ist die Ordnung der Dinge an sich. Jedes Individuum ist ein von allen Anderen von Grund aus verschiedenes Wesen. Im eigenen Selbst allein habe ich mein wahres Sein, alles Andere hingegen ist Nicht-Ich und mir fremd". — Dies ist die Erkenntnis, für deren Wahrheit Fleisch und Bein Zeugnis ablegen, die allem Egoismus zum Grunde liegt, und deren realer Ausdruck jede lieblose, ungerechte oder boshafte Handlung ist. — „Die Individuation ist blosse Erscheinung, entstanden mittelst Raum und Zeit, welche nicht weiter als die durch mein cerebrales Erkenntnisvermögen bedingten Formen aller seiner Objekte sind; daher auch die Verschiedenheit und Vielheit der Individuen blosse Erscheinung, d. h. nur in meiner Vorstellung vorhanden ist. Mein wahres inneres Wesen existiert in jedem Lebenden so unmittelbar, wie es in meinem Selbstbewusstsein sich nur mir selber kund giebt." — Diese Erkenntnis, für welche im Sanskritt die Formel tat-twam asi, d. h. „dies bist du", der stehende Ausdruck ist, ist es, die als Mitleid hervorbricht, auf welches aber alle echte, d. h. uneigennützige Tugend beruht und deren realer Ausdruck jede gute That ist. Diese Erkenntnis ist es im letztem Grunde, an welche jede Appellation an Milde, an Menschenliebe, an Gnade für Recht sich richtet: denn eine solche ist eine Erinnerung an die Rücksicht, in welcher wir Alle Eins und dasselbe Wesen sind............ Je nachdem die eine oder die andere Erkenntnisweise festgehalten wird, tritt zwischen Wesen und Wesen die *φιλια* oder der *νεικος* des Empeolokles hervor........ Das Vorwalten der einen oder anderen jener beiden Erkenntnisweisen zeigt sich nicht bloss in den einzelnen Handlungen, sondern in der ganzen Art des Bewusstseins und der Stimmung, welche daher beim guten Charakter eine von der des Schlechten so wesentlich verschiedene ist. Dieser empfindet überall eine starke Scheidewand zwischen sich und allem ausser ihm. Die Welt ist ihm ein absolutes Nicht-Ich und sein Verhältnis zu ihr ein ursprünglich feindliches: dadurch wird der Grundton seiner Stimmung Gehässigkeit, Argwohn, Neid, Schadenfreude. — Der gute Charakter hingegen lebt in einer seinem Wesen homogenen Aussenwelt: die Anderen sind ihm kein Nicht-Ich, sondern „Ich noch ein Mal".... Hieraus erwächst der tiefe Friede seines Innern und jene getroste, beruhigte, zufriedene Stimmung, vermöge welcher in seiner Nähe Jedem wohl wird."[1] —

Jetzt können wir nun das Verhältnis Sch.'s zu K. in Bezug auf die Begründung der Moral, leicht übersehen. In der Hauptsache stimmen beide Philosophen überein, dass das metaphysische Fundament der Ethik in der Erkenntnis des transscendentalen Idealismus beruht. Diese Erkenntnis ist aber bei Schopenhauer sowohl wie bei Kant nichts Anderes als die Erkenntnis der Freiheit. Die Erkenntnis, dass das wahre Wesen der Dinge vom principium individuationis nicht betroffen werde, ist nichts Anderes als die Einsicht, dass der Wille der Herrschaft der Kausalität nicht unterliege. Das principium individuationis ist dasjenige, was in der moralischen Erkenntnis von den Dingen hinweggedacht wird, mit diesem denkt man sich aber, da Zeit und Raum zusammen Kausalität bedeuten, auch die Kausalität hinweg.

Freiheit, und zwar die Erkenntnis derselben, ist also nach beiden Philosophen die metaphysische Basis der Ethik. Der Unterschied wird auch hier nur im Begriffe der Freiheit liegen. Diese Differenz, welche sich von der Erkenntnistheorie herleitet, hat sich aber auch in der Fassung und Lösung des moralischen Problems geltend gemacht, wobei sich der Gegensatz, der ursprünglich fast von bloss formaler Bedeutung war, in den Konsequenzen wesentlich verschärft hat.

Ding an sich, transscendentales Objekt, intelligible und Vernunftskausalität und Freiheit sind nach Kant Synonyma, sie bezeichnen alle das wahre Wesen der Dinge; Freiheit steht der Sinnlichkeit und der Naturkausalität als ein hypostasiertes Wesen gegenüber. Wenn nun Moralität ein realer Begriff sein soll, so muss, da nach der Uebereinstimmung beider Philosophen eine sittliche Handlung unabhängig von der Naturkausalität und trotz ihrer geschehen muss, der adäquate Ausdruck der Moralität ein Imperativ sein.

---

[1] ibid. 651—53.

Es stehen sich zwei Arten von Gesetzen gegenüber. Meistenteils geschehen die Handlungen nach dem Naturgesetz, aber sie **sollen** nach dem Gesetz der Freiheit geschehen. Indem wir nun die Moralität als etwas Reales setzen, sprechen wir das synthetische Urteil aus: **Das Gesetz der Freiheit steht über dem Naturgesetz.** Das Problem der Moralität ist somit: Wie kommen wir zu diesem synthetischen Urteil? Nicht die Möglichkeit der moralischen Handlung ist die Frage des Problems, denn diese ist mit der Kausalität durch Freiheit gegeben, sondern die **Verbindlichkeit** des Freiheitsgesetzes ist es, die begründet werden soll. Nicht weil moralische Handlungen in der Erfahrung vorkommen beschäftigt uns das moralische Problem, sondern weil wir in der praktischen Vernunft ein „Sollen" gefunden haben. Kants Ethik entleiht der Erfahrung Nichts; Moralität beruht auf einem „Sollen" und die Moralphilosophie beschäftigt sich nicht mit dem **was geschieht,** sondern mit dem, **was geschehen soll.** Die Frage nach dem Grunde des Sollens würde bleiben, selbst wenn moralische Handlungen nie vorkämen.

In demselben Sinne fällt auch die Lösung aus. Das moralische Subjekt erkennt den **Grund** der Verbindlichkeit. Es erkennt sich als ein dualistisches Wesen, es findet in sich zwei Realitäten, Sinnlichkeit und Freiheit, von denen es aber auch einsieht, dass die eine die Ursache, die andere die Wirkung ist: Weil aber die Verstandeswelt der Grund der Sinnenwelt ist, so ist das Freiheitsgesetz für die Sinnlichkeit ein verbindlicher Imperativ. Die ethische oder **praktische Erkenntnis** behält somit die **Form** der theoretischen. Die praktische Erkenntnis bedarf zwar nicht der Bestätigung der sinnlichen Anschauung, da sie jedoch ein Kausalitätsverhältnis zum Inhalte hat, so bleibt sie in der Denkform der Kausalität als der Kategorie der Freiheit.

Bei Schopenhauer hingegen ist das Ding an sich nicht die **Ursache** oder der **Grund,** sondern der **Inhalt** der Erscheinungen. Das Ding an sich, der Wille ist **frei,** aber Freiheit bezeichnet eben die Abwesenheit aller Gesetze, es giebt somit kein Gesetz der Freiheit, folglich auch keine Verbindlichkeit und kein absolutes „Sollen".

Gäbe es nun keine moralischen Handlungen in der Erfahrung, so würde es auch kein moralisches Problem geben. Nicht was geschehen soll, sondern was geschieht, die Möglichkeit der moralischen Handlung ist das Thema der Moralphilosophie. Moralität ist ein Naturphänomen, in dem sich die ethisch-metaphysische

Bedeutung des Daseins offenbart, und will als solches erklärt werden. — In demselben Sinne fällt auch die Lösung aus. Das moralische Subjekt erkennt den wahren Sachverhalt, dass das principium individuationis nur in der Erscheinung ist, dass es selbst moralisch handelt, ja dass es nicht anders handeln könnte, es erkennt aber nicht, dass es allgemein gesetzgebend wäre, denn auch das unmoralische Subjekt erkennt den wahren Sachverhalt, dass das prinzipium individuationis real ist und dass es nicht anders als so, wie es eben thut, handeln könnte. Von einer Verbindlichkeit der Moral kann demnach nicht die Rede sein, wie es ja auch die imperative Form der Kantischen Ethik ist, gegen die sich Schopenhauer am Heftigsten sträubt.

Auch die Natur der ethischen Erkenntnis ist bei Sch. eine ganz andere als bei Kant. Bei Kant behält dieselbe die Form der intellektuellen. Dies schliesst sich eng an die Einführung des Freiheitsbegriffes an, welche durch einen Schluss geschieht. Auch die ethische Erkenntnis tritt in der Form eines Schlusses auf: Weil die Verstandeswelt u. s. w. Kant suchte eben einen logischen, allgemeine Geltung beanspruchenden Grund des Imperativs. Schopenhauer dagegen hat jenen Schluss schon in der Erkenntnistheorie verworfen, weil die Kategorie der Kausalität auf das Ding an sich nicht angewendet werden darf; in der Ethik ist er ihm aber aus noch einem Grunde unmöglich. Eine Erkenntnis mittels eines Schlusses beansprucht allgemeine Giltigkeit, was sich mit dem Sch.'schen Begriff der Moralität nicht verträgt. Die ethische Erkenntnis ist somit nicht nur keine intellektuelle, sondern sie muss auch von den Formen der letzteren frei sein; sie ist eine rein intuitive Erkenntnis.

Diese letztere Differenz greift tief in die Grundlagen beider Systeme ein, worauf wir noch in der Lehre vom intelligiblen Charakter, zu der wir jetzt übergehen, zurückkommen werden.

III.
Der intelligible Charakter.

Die Lehre vom intelligiblen und empirischen Charakter hat von jeher die verschiedensten Auffassungen erfahren und ist noch heute eine der dunkelsten und schwierigsten Partieen der Kantischen Philosophie. Wie weit die Gegensätze in der Auffassung dieses schwierigen Problems gehen und wie tief sie nicht nur in die Freiheitslehre, sondern auch in die Grundlagen der ganzen Kantischen Philosophie eingreifen, ergiebt sich uns am Deutlichsten, wenn wir die Darstellungen dieser Lehre bei Cohen und Fischer mit einander vergleichen, deren Hauptdifferenzpunkte unserer Darstellung, zur leichteren Orientierung, vorangeschickt werden mögen.

Nach Fischer hat der intelligible Charakter zunächst kosmologische Bedeutung; man kann das schwierige und subtile Problem vollständig verwirren, wenn man es sofort unter den moralischen Gesichtspunkt stellt und den intelligiblen Charakter nur auf den Menschen bezieht; das Problem ist kosmologisch und es betrifft alle Erscheinungen, es darf kein „Klassenunterschied der Erscheinungen" gemacht werden. Alle Naturwesen haben somit einen intelligiblen Charakter, als letztes Substrat, deren Folge und Abbild der empirische ist. Ausser dieser kosmologischen, hat aber das Problem noch eine besondere, moralische Bedeutung. In moralischer Beziehung, nämlich zur Erklärung der moralischen Verantwortlichkeit, ist der intelligible Charakter das freie Noumenon, das sich seinen empirischen Charakter selbst verschafft. Während aus dem intelligiblen Substrat der Naturwesen ihr empirischer Charakter nach der Notwendigkeit und Gesetzmässigkeit der Freiheitskausalität folgt,

wird derselbe vom freien Nonmenon des Menschen durch eine freie „intelligible That" angenommen.[1])
Dieser Auffassung, die schon Schelling und Schopenhauer vertraten, tritt Cohen auf's Entschiedenste entgegen. Besonders ist es die Wahlfreiheit des Nonmenons, die Cohen als ein Absurdum verwirft.[2]) Für ihn hat der intelligible Charakter zunächst nur moralische Bedeutung[3]), da er gleichbedeutend ist mit dem „Gesetz der Kausalität durch Freiheit" mit dem moralischen Gesetz. Als Solches, als moralisches Gesetz, hat der intelligible Charakter allerdings auch kosmologische Bedeutung, da ja nach Cohen das Sittengesetz das intelligible Substrat der Natur ist.[4]) — Dies hängt jedoch mit der Ansicht Cohens von der Freiheitskausalität überhaupt zusammen, auf die wir noch zurückkommen werden.

Auch soll der intelligible Charakter nicht die Verantwortlichkeit rechtfertigen, um derenwillen allein er von Schopenhauer für den schönsten und tiefsten Gedanken gehalten wurde.[5])

Diese einander diametral entgegengesetzten Auffassungen können sich aber, so befremdend das auch klingen mag, auf unzweideutige Aeusserungen Kants in der Darstellung dieses Gegenstandes berufen. Kant hat die Lehre vom intelligiblen Charakter zwei Mal vorgetragen: Kr. d. r. V. S. 374—85 und Kr. d. pr. V. S. 100—105, welch letztere Darstellung im „Ersten Stücke" der „Relig. innerhalb d. Gr. d. bl. V.", dem sie zu Grunde gelegt ist, ihre Ergänzung findet. Und je nachdem man die eine oder die andere Darstellung ins Auge fasst, gewinnt die eine oder die andere Aaffassung mehr an Boden.

In der Kr. d. r. V. geht Kant vom kosmologischen Problem aus, er scheint somit das Problem nicht sofort unter den moralischen Gesichtspunkt zu stellen.[6]) Der moralischen Zurechnung wird hier erst zum Schlusse der Darstellung, und das ganz nebenher erwähnt; die moralische Verantwortlichkeit scheint somit nicht den Kern des Problems auszumachen. Dagegen wird in der Kr. d. pr. V. das Problem mit der Frage nach der Möglichkeit der moralischen Verantwortlichkeit eingeleitet. In der ersten Darstellung kommen Wendungen wie: „frei angenommen", „sich selbst verschafft", wie

---

[1]) a. a. O. III, 496—99 u. IV, 88—102.
[2]) a. a. O. 105—7, 109—10, 115 u.
[3]) ibid. 210 u.
[4]) ibid. 240, 242 u.
[5]) ibid. 228, 242—43 u. vgl. noch ibid. 215, 244, 248, 297—305.
[6]) Vgl. Fischer, III, 497.

in der Kr. d. pr. V., oder „intelligible That", „That der Freiheit"
u. dgl., wovon besonders die „Religion innerh…" voll ist, gar nicht
vor. In der Ersten ist die Rede von „noch einem" Charakter ausser
dem empirischen, in der Zweiten dagegen vom empirischen Charakter
als Folge und Abbild des Intelligiblen. In der Kr. d. r. V. scheint
auch Kant thatsächlich den intelligiblen Charakter mit dem „Vermögen moralisch zu handeln" zu identifizieren.

Diese und andere, im Verlaufe unserer Darstellung noch zu
berührenden Abweichungen, erschweren das Verständnis dieser Lehre
und die Entscheidung zwischen den erwähnten Auffassungen so sehr,
dass man fast geneigt wäre, mit Zange[1]) den Versuch, die Einheit
der Kantischen Freiheitslehre herzustellen, als ein von vornherein
unmögliches Unternehmen aufzugeben.

Gerade diese Abweichungen aber sind es, in denen wir einen
Anhaltspunkt finden, die scheinbaren Widersprüche zu heben und
die Einheit der Kantischen Freiheitslehre zu rekonstruieren. Die
Verschiedenheit beider Darstellungen legen uns nämlich die Vermutung nahe, dass sich Kant in ihnen auch verschiedene Aufgaben gestellt und gelöst habe. Diese Verschiedenheit der in beiden Ableitungen zu lösenden Aufgaben wird uns aber ganz besonders
einleuchten und fast zur Gewissheit werden, wenn wir folgende, in
der „Kritischen Beleuchtung" bei der Entwicklung des Gegenstandes
neu hinzugekommene Momente beachten.

Zunächst die strenge Auseinanderhaltung von „Subjekt" und
„Handlung". Wenn man die Freiheit retten will, heisst es in der
Kr. d. pr. V. (S. 100), so bleibt kein anderer, als der bereits zurückgelegte Weg übrig, „die Kausalität nach dem Gesetz der Naturnotwendigkeit blos der Erscheinung, die Freiheit aber ebendemselben Wesen als Ding an sich selbst beizulegen…..; allein in
der Anwendung, wenn sie als in einer und derselben Handlung
vereinigt und also diese Vereinigung selbst erklären will, thun
sich doch grosse Schwierigkeiten hervor, die eine solche Vereinigung
unthunlich zu machen scheinen." Mit dieser Unterscheidung wird
hier die Lehre von intelligiblen Charakter eingeleitet. Die Möglichkeit der Freiheit neben der Naturnotwendigkeit in „einem und demselben Wesen" hält Kant durch den Hinweis auf den transscendentalen Idealismus für erwiesen, es handelt sich nur noch um ihre
Vereinigung in „einer und derselben Handlung", und dazu kommt

---

[1]) Das Fundament d. Ethik…., K.'s u. Sch.'s Moralprinzip, 118 u.

hier die Lehre vom intelligiblen Charakter. Dagegen werden diese beiden Momente in der Kr. d. r. V. durcheinander geworfen und in einem Zuge behandelt (S. 373, 374, 376, 377, 381, 383 u. 385 wird von einer und derselben Handlung, gleichzeitig und in demselben Zuge aber wird S. 375, 378, 380—81 u. 382 von der Vereinigung in einem und demselben Wesen oder Subjekt gesprochen).

Noch durchgreifender als die Auseinanderhaltung von Subjekt und Handlung markieren das der zweiten Ableitung gesteckte Ziel zwei andere, hier neu hinzugekommene Momente: das **intelligible Bewusstsein** des moralischen Subjekts und die Betrachtung aller Handlung als **ein einziges Phänomen** (S. 102), welches letztere Moment in der „**absoluten Einheit eines Phänomens**" (S. 103) seinen letzten, der eigentlichen Absicht Kants adäquaten Ausdruck zu finden scheint.

Wir wollen nun sehen, wie das Verhältnis beider Ableitungen in Bezug auf die Lösung der Gesamtaufgabe der Freiheitslehre, von dem in vorliegender Abhandlung gewonnenen Standpunkt aus, sich gestalten wird.

Wir erinnern uns aus dem Vorangegangenen, welche Schwierigkeiten dem moralischen Freiheitsbegriff anhaften. Die Hauptschwierigkeit besteht in der **Durchrechnung des Contextes der Erfahrung**. Eine zusammenhängende Erfahrung wäre unmöglich, wenn Handlungen mitten im Laufe derselben von selbst anfangen sollten. Da wir nun aber alle Handlungen nach der strengen Naturnotwendigkeit, nach den Regeln des Verstandes geschehen sehen, wodurch allein wir einen ununterbrochenen Context der Erfahrung erhalten, so ist das ein Beweis gegen die moralische Freiheit.

Diese Schwierigkeit hebt Kant in den Prolegomena, indem er den Nachweis führt, dass selbst bei Annahme einer Wirkung aus Freiheit, das Naturgesetz in ungeschwächter Kraft bestehen bleibt: In allen Fällen bleibt das Naturgesetz. Wenn eine Handlung auch aus Vernunftprinzipien, somit aus Freiheit geschieht, so unterbricht dies auf keine Weise den Context der Erfahrung, denn uns erscheint diese Handlung, trotz ihrer Abstammung aus Freiheit, als unter Naturgesetzen geschehen, da ja „die Freiheit Ursache dieser Naturgesetze sei". Geschieht aber auch eine Handlung, wie die meisten Handlungen der Menschen, „nach blosen Naturgesetzen", so beweist dies Nichts gegen die Freiheit; Freiheit existiert, aber auf diese Handlung hat sie keinen Einfluss ausgeübt. Wir sahen oben, dass sich Kant mit dieser Auskunft in einen offenkundigen Widerspruch verwickelt. Einerseits soll Freiheit als Ding an sich „jeder Begebenheit der Sinneswelt zum Grunde liegen", Natur und Freiheit lösen sich also in einen Monismus auf; andererseits aber soll es auch Handlungen geben, auf welche die Freiheit keinen Einfluss ausübt, Kausalität und Freiheit sind somit, wenn auch keine logischen, so doch reale Gegensätze. Auch ist die eigentliche Lösung der Frage: Freiheit sei die Ursache der Naturgesetze, in den Prolegomena nicht genügend aufgeklärt.

Jedoch, der positive Freiheitsbegriff ist in den Prolegomena nur als „Beispiel" eingeführt und Kant ging hier auf dieses Problem, da es nicht strikte zur Sache gehört nicht näher ein. Dagegen will Kant in der „Kritik", wo er so Vieles aufgenommen, was er später in den Prolegomena, als nicht zur Sache der „Kritik" gehörig, ganz ausser Acht liess, die positive Freiheitslehre, wenn auch nicht erörtern, so doch wenigstens vorbereiten; was schon daraus zu ersehen ist, dass er sich hier den Grundriss derselben vorwegnimmt (379—85). Der positive Freiheitsbegriff, der, um den von der Moralität unablässlich geforderten Dualismus zu ermöglichen, einen realen Gegensatz zur Sinnlichkeit und zur Naturkausalität bilden muss, musste schon hier so gefasst werden, dass er dem transscendentalen Freiheitsbegriff, nach welchem alle Erscheinungen und Begebenheiten Freiheit zum letzten Substrat haben, nicht widerspreche. Genauer ausgedrückt musste das Kriterium der moralischen Handlung festgestellt werden. Nach der „Grundlegung" besteht das Kriterium der moralischen Handlung darin, dass sie aus der Freiheitskausalität fliesst, fliessen aber alle Erscheinungen und Begebenheiten aus Freiheit, so geht dieses Kriterium verloren. Dies musste aber schon hier geschehen, bevor der positive Freiheitsbegriff aus dem transscendentalen ausgeschieden wurde, um besonders als Grundlage der Moralität behandelt zu werden.

Behalten wir nun diese doppelte Aufgabe, die Erhaltung des Contextes der Erfahrung, trotz der moralischen Freiheit, und die Beseitigung des Widerspruches derselben mit der transscendentalen im Auge, so stellt sich uns die Lehre vom intelligiblen Charakter in der Kr. d. r. V. folgendermassen dar:

Die kosmologische Idee führt uns auf die intelligible Kausalität als letzten Grund der Erscheinungen. Wir setzen der Kausalitätskette der Erscheinungen ein intelligibles Glied vor. Diese neue Art von Kausalität setzen wir aber nur ausserhalb der Erscheinung, in der Erscheinung selbst hingegen kennen wir nur Eine

Art von Kausalität, nämlich die Naturkausalität. Wir kennen an jedem Naturding nur ein Vermögen, nämlich dieses, welches jedes „in seinen Kräften äussert", das Vermögen der Naturkausalität. Und nennen wir das, jeder wirkenden Ursache eigentümliche „Gesetz ihrer Kausalität" (379), wie es sich uns empirisch darstellt, Charakter, so kommt jedem Naturdinge ein empirischer Charakter zu, d. h. wir kennen jedes Ding aus der ihm eigentümlichen Wirkungsweise, nach dem Naturgesetz. Von einem anderen als diesem Vermögen werden wir aber nie reden können; denn wenn wir uns auch intelligible Kausalität als letztes Glied der Kette hinzudenken, so bleibt das immer ausserhalb der Erscheinung, in der Erscheinung hingegen kommt eine andere als Naturkausalität nie vor. Der transscendentale Gegenstand, den wir den Erscheinungen als letztes Substrat zu Grunde legen, offenbart sich uns nur in einer Wirkungsweise, nämlich durch eine Kausalität, welche selbst Erscheinung ist, durch das Medium des Naturgesetzes. Von einer Wirkungsweise des transscendentalen Gegenstandes oder der Freiheit durch eine Kausalität, „die nicht Erscheinung ist" (ibid.) und das Medium des Naturgesetzes nicht passiert (von welcher wir aber auf irgend eine andere Weise Kenntnis erhalten hätten), zu reden, haben wir gar kein Recht.

Dies wäre denn auch so, wenn es keine anderen Erscheinungen als „Dinge" gäbe. Denken wir uns aber, es gäbe unter den Erscheinungen auch „handelnde Subjekte", „thätige Wesen" (375), welche sich selbst nicht nur als Erscheinungen, sondern auch „in Handlungen und inneren Bestimmungen" erkennen, die gar nicht zum „Eindrucke der Sinne" gezählt werden können (s. 379), so würden wir vom transscendentalen Gegenstand, welcher diesen Wesen zu Grunde liegt, noch eine Wirkungsweise, ausser der durch das Medium der erscheinenden Naturkausalität, annehmen müssen: „Wir würden uns demnach von dem Vermögen eines solchen Subjekts einen empirischen, im gleichen aber auch einen intellektuellen Begriff seiner Kausalität machen, welche bei einer und derselben Wirkung zusammen stattfinden" (374). Einem solchen Wesen würden wir somit einen doppelten Charakter beilegen müssen; einen empirischen nach seiner Wirkungsweise durch das Medium der Naturkausalität, und einen intelligiblen, nach seiner Wirkung, ohne jenes Medium. Zwischen dem empirischen Charakter eines solchen Wesens zu dem eines anderen Naturdinges würde es aber einen wesentlichen Unterschied geben. Während bei anderen Naturdingen zu allen ihren Wirkungen, die zusammen den empirischen Charakter darstellen, die Kausalität der Ursache in der Erscheinung angetroffen wird, so würden wir bei den Handlungen jener Subjekte nur die Wirkungen, nicht aber auch die Kausalität ihrer Ursache in der Erscheinung finden; denn zur Erscheinung gehört nur dasjenige, was durch die Sinne wahrgenommen werden kann, die „inneren Bestimmungen" jener Wesen aber werden durch die Rezeptivität der Sinne gar nicht wahrgenommen. Beiden Arten von Wirkungen liegt zwar intelligible Kausalität zu Grunde, und insofern sind sie auch einander gleichzusetzen; der Unterschied wird sich aber bald zeigen, wenn wir vom empirisch Gegebenen zum Transscendentalen aufsteigen. Bei dem Naturdinge werden wir immer zu jeder seiner Wirkungen eine empirische Bedingung finden, welche ihrerseits wieder empirisch bedingt ist und so fort im Regressus; zur Idee einer intelligiblen Kausalität werden wir erst dann gelangen, wenn wir die ganze unendliche Reihe der Bedingungen in eine Totalität zusammenfassen und zu ihr die Bedingung suchen; dagegen werden wir bei den Handlungen solcher Wesen, die wir oben angenommen, nicht weit im Regressus zu gehen brauchen, sondern gleich die Kausalität der nächsten Ursache der empirisch gegebenen Handlung wird eine intelligible sein, d. h. eine solche, die diesen Subjekten nicht durch die Rezeptivität der Sinne, sondern auf eine andere Weise, durch ein nicht-empirisches Datum, „durch blose Apperzeption" gegeben ist.

Gäbe es aber derartige Wesen, welche sich selbst auf solch doppelte Weise gegeben sind, welche nämlich ihre Handlungen als sinnliche Begebenheiten in der Erscheinung wahrnehmen, ihre inneren Bestimmungen aber als intelligible erkennen, so wäre auch Freiheit gerettet, ohne dass wir zu besorgen hätten, dass wir uns durch die Annahme von Handlungen durch Freiheit zu dem thatsächlich ununterbrochenen Context der Erfahrung in Widerspruch setzen. Die Frage nach der moralischen Freiheit ist durch die Einführung jener Wesen eine wesentlich andere geworden.

Früher war die Frage, ob es mitten im Laufe der Natur Handlungen aus Freiheit geben könne. Diese Frage musste aber entschieden verneint werden. Denn das Gesetz, wonach alle Begebenheiten in einer Naturordnung empirisch bestimmt sind, ist ein Verstandesgesetz, durch welches Erscheinungen allererst eine Natur ausmachen, und es ist unter keinem Vorwande erlaubt, davon abzugehen oder irgend eine Erscheinung anzunehmen: „Eine ursprüngliche Handlung, wodurch etwas geschieht, was vorher nicht war, ist von der Kausalitätsverknüpfung der Erscheinungen nicht zu erwarten" (377). Durch diesen Einwand ist aber die Handlung aus Freiheit nur dann widerlegt, wenn wir unter derselben eine solche verstehen, welche mitten im Laufe der Natur durch eine andere als eine Naturursache geschieht; was wir früher aber auch unter Handlung aus Freiheit verstehen mussten, da es bei uns als ausgemacht galt, dass alles, was nicht nach der Naturkausalität geschieht, auch durch keine Naturursache bedingt ist. Wäre aber ein so ausgestattetes Wesen, wie wir es zeichneten, ein realer Begriff, so wären die Handlungen dieser Wesen für ihre eigene Erkenntnis einerseits sinnlich wahrgenommene Begebenheiten und als solche Wirkungen von Naturursachen, andererseits aber auch noch die Bethätigung ihrer inneren Bestimmung, auf welche bezogen die Ursache der Handlung nicht auf der Naturkausalität beruht und somit nicht in der Erscheinung angetroffen wird. Eine solche Handlung ist aber durch die Notwendigkeit des Naturgesetzes nicht ausgeschlossen. Dem Naturgesetze und dem Context der Erfahrung widerspricht nur eine solche Handlung, welche nicht nach der Naturursache geschieht, geschieht sie aber nach dieser, nur zeigt sie uns, durch ihre Beziehung zur Thätigkeit des Subjekts, an, dass ihre Ursache unter dem Zeichen einer anderen als der Naturkausalität steht, so stört diese Handlung nicht im Mindesten den Context der Erfahrung. Eine solche Handlung würde aber beiden Anforderungen entsprechen; sie würde in den Context der Erfahrung gut hineinpassen, trotzdem aber eine Handlung aus Freiheit sein.

Die Frage nach der moralischen Freiheit lautet jetzt: Kann es solche Handlungen geben, die einerseits in den Lauf der Natur hineinpassen, andererseits aber auch mit dem Intelligiblen in unmittelbarem Zusammenhang stehen? Muss nicht jede Naturursache auch auf der Naturkausalität, die wir in der Erscheinung antreffen, beruhen?

„Ist es denn aber auch notwendig, dass wenn die Wirkungen Erscheinungen sind, die Kausalität ihrer Ursache, die (nämlich Ursache) selbst auch Erscheinung ist, lediglich empirisch sein müsse? Und ist es nicht vielmehr möglich, dass, obgleich zu jeder Wirkung in der Erscheinung eine Verknüpfung mit ihrer Ursache nach Gesetzen der empirischen Kausalität gefordert wird, dennoch diese empirische Kausalität selbst, ohne ihren Zusammenhang mit den Naturursachen im mindesten zu unterbrechen, doch eine Wirkung einer nicht empirischen, sondern intelligiblen **Kausalität** sein könne? d. i. einer, in Ansehung der Erscheinungen ursprünglichen Handlung einer Ursache, die also insofern nicht Erscheinung, sondern **diesem Vermögen nach intelligibel** ist, ob sie gleich übrigens gänzlich, als ein Glied der Naturkette, mit zu der Sinnenwelt gezählt werden muss."[1]) Wir dürfen vom Satze der Kausalität auf keine Weise abweichen, haben wir aber das zugegeben, so haben wir dem Verstande alles eingeräumt, was er fordern kann. „Nun thut ihm (sc. dem Verstande) das nicht den mindesten Abbruch, gesetzt, dass es übrigens auch blos **erdichtet** sein sollte, wenn man annimmt, dass unter den Naturursachen es auch welche gebe, die ein Vermögen haben, welches **nur intelligibel** ist, indem die Bestimmung desselben zur Handlung niemals auf empirischen Bedingungen, sondern auf blosen Gründen des Verstandes beruht, **so** doch, dass die Handlung **in der Erscheinung** von dieser Ursache allen Gesetzen der empirischen Kausalität gemäss sei. Denn auf diese Art würde das **handelnde Subjekt** als causa phaenomenon mit der Natur in unzertrennter Abhängigkeit aller ihrer Handlungen verkettet sein, und nur das Nonmenon dieses Subjekts (mit aller Kausalität desselben in der Erscheinung) würde gewisse Bedingungen enthalten, die, wenn man **von dem empirischen Gegenstande zu dem transscendentalen aufsteigen will,** als blos intelligibel müssten angesehen werden."[2])

Es kommt nun jetzt alles darauf an, ob ein solches Wesen, das in sich selbst ein Vermögen unmittelbar reiner, intelligibler Kausalität durch ein nicht-empirisches Datum erkennt, auch thatsächlich existiert oder „blos erdichtet" ist. Giebt es ein solches mit dem bezeichneten doppelten (Erkenntnis-)Vermögen ausgestattetes Wesen, das sich darin von allen anderen Naturdingen unterscheidet, so sind Handlungen aus Freiheit für dieses Wesen gerettet.

Und in der That, es giebt solche Wesen: „Bei der leblosen oder blos tierisch belebten Natur finden wir keinen Grund, irgend ein Vermögen uns anders als blos sinnlich bedingt zu denken. Allein der Mensch, der die ganze Natur sonst lediglich nur durch Sinne kennt, **erkennt sich selbst auch durch blose Apperzeption,** und zwar in Handlungen und inneren Bestimmungen, die er gar nicht zum Eindrucke der Sinne zählen kann, und ist sich selbst freilich einesteils Phänomen, anderenteils aber, nämlich in Ansehung

---

[1]) III, 377.   [2]) ibid. 378.

gewisser Vermögen, ein blos intelligibler Gegenstand, weil die Handlung desselben gar nicht zur Rezeptivität der Sinnlichkeit gezählt werden kann."[1])

Dass aber der Mensch ein solches Vermögen besitzt, erkennen wir schon aus den Imperativen und dem Sollen, welche er der Natur entgegensetzt. Der Mensch hat also einen doppelten Charakter, er erkennt sich einerseits als ein Stück Natur, nimmt also an der Wirkungsweise des Intelligiblen durch das Medium der Naturkausalität Anteil, andererseits aber auch als „intelligibler Gegenstand", dem als solchen noch eine Wirkungsweise zukommt, nämlich die unmittelbare Wirkung der Vernunftskausalität, welche nur intelligibel ist und sich ihm auf eine ganz sonderbare Weise kundgiebt, ohne erst das Medium der Naturkausalität zu passieren. Der Mensch hat also einen empirischen und einen intelligiblen Charakter. —

Hier müssen wir aber in der Darstellung ein wenig innehalten, um auf die neue Wendung aufmerksam zu machen, welche hier dem oben noch ganz imaginär aufgestellten Begriff von handelnden, mit einem besonderen Vermögen begabten Subjekten, in der Anwendung gegeben wird. Oben sprachen wir von solchen Wesen, die ihre Handlungen auf doppelte Weise erkennen, durch ihre Rezeptivität sehen sie sie als durch Naturursachen bewirkt, durch die Apperzeption aber als durch intelligible Kausalität erzeugt, an. Die Frage, ob jene Wesen alle ihre Handlungen oder nur einen Teil derselben in diesem doppelten Lichte sehen, konnte uns noch gar nicht beschäftigen. Denn da wir uns jene Wesen bloss gedacht haben, ohne vor der Hand auszumachen, ob sie real oder erdichtet seien, so konnte uns Nichts daran hindern, uns einen Begriff von solchen Wesen zu machen, welche alle ihre Handlungen auf zweifache Weise erkennen.

Allein in der Anwendung auf den Menschen zeigt es sich, dass jenem Begriffe nur in beschränktem Masse Realität zukommt. Dieser Begriff realisiert sich beim Menschen nur in jenem Teile seines Wesens, in welchem er sich auch durch blosse Apperzeption erkennt, „und zwar in (jenen) Handlungen und inneren Bestimmungen, die er gar nicht zum Eindruck der Sinne zählen kann"; in dieser Handlung erkennt sich der Mensch als Phänomen sowohl wie als Noumen, aber wir finden bei ihm auch solche Handlungen,

---

[1]) ibid. 379.

die ihm in demselben Lichte erscheinen wie alle anderen Geschehnisse der Erfahrung. In diesem anderen Teile seiner Handlung ist sich der Mensch ganz Phänomen, ein Stück Natur, da sie „nach blossen Naturgesetzen" (Proleg.) geschehen und das intelligible Vermögen auf sie „keinen Einfluss" ausübt (ibid.).[1])

Kehren wir nun zu unserer Darstellung zurück, so stellt sich uns der empirische Charakter eines Menschen als ein **einheitliches, gleichförmiges Ganzes** dar. Denn, wenn sich auch sein **Gesamtbild** aus Handlungen nach der Naturkausalität und solchen nach dem Vermögen der Vernunft zusammensetzt, so fordert ja dieses Vermögen, so sehr es auch Vernunft sein mag, wie jede andere Ursache, eine Regel, und jede Regel eine **Gleichförmigkeit der Wirkungen**. In dem empirischen Charakter eines Menschen stellt sich uns also nach aussen die **Gleichförmigkeit seines Verhaltens als ein Naturgesetz** dar; nach seinem empirischen Charakter kann man also die Handlung eines Menschen **niemals** nach dem Gesichtspunkte der **Freiheit beurteilen**, denn alle Handlungen, auch diejenigen, die aus dem Vermögen der Vernunft fliessen, stellen sich empirisch unter einer Regel dar. Diese Art von Beurteilung ist erst dann berechtigt, wenn wir „dieselben Handlungen in Beziehung auf die Vernunft **erwägen**, und zwar nicht um ihren Ursprung zu **erklären**, sondern ganz allein, sofern Vernunft die Ursache ist, sie selbst zu **erzeugen**." Bei dieser Erwägung finden

---

[1]) Diese Wendung war aber notwendig, wenn sich K. den Freiheitsbegriff der „Grundlegung" nicht von vorn herein abschneiden und den moralischen Dualismus nicht unmöglich machen sollte. Dass hier aber in der K.'schen Darstellung diese Wendung wirklich eintritt, sieht man leicht daraus, dass im weiteren Verlauf von der Spontaneität der Vernunft gesprochen wird, nach welcher Handlungen geschehen **sollten**, „die doch nicht geschehen sind, und vielleicht nicht geschehen werden", von welchen man gleichwohl voraussetzt, „dass die Vernunft nie Beziehung auf die Causalität haben **könne**"; (350). Oder weiter: „dieser Tadel (sc. des Lügners) gründet sich auf ein **Gesetz der Vernunft**, wobei man diese als eine Ursache ansieht, welche das Verhalten des Menschen, ungesehen aller genannten empirischen Bedingungen, **anders** habe bestimmen **können** und **sollen**" (354). Wenn nun Kant vom empirischen Charakter nicht nur **vor** der Anwendung als dem „sinnlichen Zeichen" (375), sondern auch später als dem „sinnlichen Schema" des Intelligiblen spricht, so ist das dahin zu verstehen, dass der empirische Charakter, als das **Gesamtbild aller Handlungen**, je nach dem **Einfluss** der reinen intelligiblen Kausalität, also nach der Häufigkeit moralischer Handlungen, immer ein Anderer ist. Nur auf diese Weise kann man die Prolegomena in Uebereinstimmung mit der „Kritik" **bringen**; einige Schwierigkeit hat aber diese Wendung unleugbar.

wir aber, dass Manches nach der Naturnotwendigkeit geschehen ist, was nach der Kausalität der Vernunft nicht geschehen sollte, wie alle moralisch-bösen Handlungen, auf die die Vernunft keinen Einfluss ausübt und welche nach blossen Naturgesetzen geschehen. Dadurch aber, dass wir dem thatsächlichen Geschehen der Natur ein Sollen entgegensetzen, setzen wir ja die Möglichkeit eines „Andersgeschehens", und somit die Möglichkeit von Handlungen aus Freiheit. Denn diese Handlung, die zwar nicht geschehen ist, aber geschehen sollte, ist ja reine Wirkung der Freiheit. Der Begriff einer Handlung aus Freiheit wäre also für uns auch dann ein realer, wenn sie auch in Wirklichkeit nie vorkommen sollte. „Bisweilen aber finden wir oder glauben wenigstens zu finden, dass die Ideen der Vernunft wirklich Kausalität in Ansehung der Handlungen der Menschen als Erscheinungen bewiesen haben, und dass sie darum geschehen sind, nicht weil sie durch empirische Ursachen, nein, sondern weil sie durch Gründe der Vernunft bestimmt waren" (381).

Bleiben wir nun hier stehen, so sind beide von uns Eingangs bezeichneten Aufgaben durch das Bisherige geleistet: die moralische Handlung unterscheidet sich von allen anderen Handlungen und Naturbegebenheiten darin, dass sie vom Subjekt als reine Wirkung der Freiheit durch blosse Apperzeption a priori erkannt und zugleich als Wirkung von Naturursachen wahrgenommen wird; während die anderen Handlungen und Begebenheiten zwar zuletzt auf die Idee des transscendentalen Gegenstandes verweisen, dem Subjekt aber nur in der Wahrnehmung durch das Medium der Naturkausalität gegeben sind. In solchem Wesen ist aber auch die Vereinigung von Naturnotwendigkeit und Freiheit möglich.

Wir werden es daher begreifen, dass Kant hier die Momente von Subjekt und Handlung nicht auseinanderhält. Es handelt sich hier eben um die Fixierung eines dualistischen Subjekts, bei dem Handlungen aus Freiheit möglich sind, was auch durch den Hinweis auf den Menschen als ein mit einem doppelten (Erkenntnis-) Vermögen begabtes Wesen erreicht wird.

Das eigentliche Freiheitsproblem ist also bis jetzt so weit gelöst, dass die Möglichkeit moralischer, aus Freiheit fliessender Handlungen erwiesen ist. Wir betrachteten aber bis jetzt die Freiheit nur im Verhältnis zur Naturnotwendigkeit, und da fanden wir allerdings, dass es solche Wesen giebt, bei denen jene beiden in manchen Handlungen vereint vorkommen. Betrachten wir aber das handelnde Subjekt im Verhältnisse zu dieser Vernunftkausalität, der wir eben solche Notwendigkeit zuschreiben, wie der Naturkausalität, kann hier noch von der Freiheit dieses Subjekts in Bezug auf seine Handlung gesprochen werden? Das Subjekt ist der Freiheit gegenüber ebenso unfrei, wie gegenüber der Naturkausalität. Diese Frage ist das Problem der moralischen Verantwortlichkeit, auf welches Kant schon hier am Ende der Darstellung der Lehre vom intelligiblen Charakter in der Kr. d. r. V. eingeht; wodurch sich auch der Rest der Darstellung in der Letzteren (381 f.) der Darstellung in der Kr. d. pr. V. nähert, wo die Frage der moralischen Verantwortlichkeit das einzig zu lösende Problem bildet.[1]) Dass aber Kant in der Kr. d. r. V. den Kern des Problems noch nicht getroffen hat, sieht man daraus, dass er hier, bei der Aufwerfung der Frage der moralischen Zurechnung, „die eigentliche Moralität der Handlungen (Verdienst und Schuld)", welche Letzteren in der Zurechnung noch lange nicht enthalten sind, noch für „gänzlich verborgen" hält, weil wir eben nicht wissen können, wieviel von einer Handlung „reine Wirkung der Freiheit, wie viel der blosen Natur .... zuzuschreiben sei". (381 A.).

Zur richtigen Erfassung und befriedigenden Lösung dieser Frage gelangt erst Kant in der „Kritischen Beleuchtung", wo, nach der Durchführung der positiven Freiheitslehre, die Thatsache des Problems sich klar darstellt, und, wie wir sehen werden, die letzte Begründung der Moralität, die Handhabe zur Lösung bietet:

Unser Freiheitsbewusstsein ist aufgehellt, es steht in keinem Widerspruche zur Natur. Das moralische Subjekt handelt zuweilen nach dem blossen Naturgesetze, die Handlung ist indifferent oder moralisch-böse, zuweilen aber auch nach dem Freiheitsgesetze, die Handlung ist moralisch-gut.

Nun wird aber das Freiheitsbewusstsein vom Bewusstsein der eigenen Persönlichkeit, der moralischen Verantwortlichkeit, begleitet. Dieses ist aber nicht nur noch nicht gerechtfertigt, sondern durch das festgestellte Wesen der Freiheit unmöglich gemacht worden. Freiheit ist nicht Gesetzlosigkeit, sondern ein Gesetz nach dem „Typus" des Naturgesetzes. Das moralische Subjekt steht gleichsam zwischen zwei Mächten, von denen es bald die Eine bald die Andere bezwingt. Hypostatieren wir den Willen des moralischen Subjekts, was wir zur Fixierung der moralischen Persönlichkeit thun müssen, so handelt es in allen Fällen unter dem

[1]) S. oben S. 66 Anmerkung.

Drucke der Nötigung; im einen Falle geht die Nötigung von der Naturkausalität, im anderen von der Freiheitskausalität aus. Durch die Interpretierung der Freiheit als Gesetz haben wir somit nur soviel gewonnen, dass freie, von der Natur unabhängige oder ihr zuwiderlaufende Handlungen möglich sind, den eigentlichen Begriff der Freiheit hingegen, nämlich des liberum arbitrium indifferentiae, haben wir nur noch mehr unmöglich gemacht. Dieses ist aber gerade zur Rechtfertigung der moralischen Verantwortlichkeit unumgänglich. Wenn eine moralische Handlung ein Verdienst und eine unmoralische eine Schuld bedeuten soll, so muss sie der Ausfluss der eigenen Persönlichkeit des moralischen Subjekts sein, Letzteres muss somit wirklich frei, im Sinne des liberum arbitrium, sein. Das ist es aber nach dem dargelegten Wesen der Freiheit keinesfalls. Denn, wenn ich sage das moralische Subjekt sei deshalb für seine Handlung verantwortlich, weil es schliesslich ganz auf seine subjektive Disposition (Maxime) ankomme, ob Natur oder Freiheit mehr Macht über ihn habe, so ist damit gar nicht geholfen: Die subjektive Disposition selber ist eben vom moralischen Subjekte unabhängig. Wenn nun die moralische Verantwortlichkeit gerechtfertigt sein soll, so muss schon jene subjektive Disposition an sich der Ausfluss von Freiheit sein, und zwar jener Freiheit, welche sich mit dem liberum arbitrium deckt. Es muss, kurz gesagt, für die gesetzlose Freiheit in einer höheren Region der Platz gefunden werden, der ihr in den bisher durchstreiften Gebieten nicht eingeräumt werden konnte.

Diese einfache Erwägung führt zur Lehre vom intelligiblen Charakter im Sinne der „Kritischen Beleuchtung". Kant aber fasst die Frage von einem tieferen Gesichtspunkte: Wir haben die Naturnotwendigkeit der Erscheinung, die Freiheit dem Ding an sich zugewiesen. Nun ist auf diese Weise die Möglichkeit Beider nebeneinander im moralischen Subjekte gegeben. „Ein und dasselbe Wesen" (der Mensch), welches als ein Glied der Sinnenwelt ein Mal nach dem blossen Naturgesetze handelt, handelt ein anderes Mal, als Wesen der Verstandeswelt, nach dem Gesetze der Freiheit. In Bezug auf gewisse Handlungen kommt das Sinnenwesen, in Bezug auf andere hingegen das Verstandeswesen zu seinem Rechte.[1]

---

[1] Diese Lehrmeinung, dass das mor. Subj. in einigen Stücken gut und in anderen bös sein könne, geht aus der ganzen Darstellung der „Grundlegung„ hervor; erst durch die Modifizierung der Lehre vom intellig. Char. in der „Kr. Bel." wird sie von Kant zurückgenommen; vgl. Religion innh. d. gr. d. bl. V. B. VI, 115.

Wenn wir nun sagen: Freiheit und Naturnotwendigkeit vereinigen sich in einem und demselben Wesen, so erhalten wir dadurch noch kein einheitliches moralisches Subjekt, denn in jeder, der sittlichen Beurteilung verfallenden Handlung, kommt nur **Eines seiner Vermögen zum Ausdrucke**. Die **Einheit des moralischen Subjekts** ist aber unumgänglich notwendig, wenn man die moralische Verantwortlichkeit berücksichtigt; die Verantwortlichkeit setzt eine moralische Persönlichkeit voraus, diese aber erfordert, dass alle Vermögen des Subjekts in **einer und derselben Handlung** mitwirken sollen. Dies könnte aber nur dadurch erreicht werden, dass auch das Wirken und Handeln nach dem Naturgesetze auf einem **freien Entschlusse** des Subjekts beruht.

Die moralische Verantwortlichkeit hat somit zwei Voraussetzungen; das **liberium arbitrium** und die **Einheit des moralischen Subjekts**. Wir wollen sehen, wie Kant Beides, durch die Modifizierung der Lehre vom intelligiblen Charakter, gewinnt:

Kant erinnert an das, „was in der Kritik der r. V. gesagt war, oder daraus folgt" (102). Dort hat sich uns das Vermögen, nach rein intelligler Kausalität zu wirken, als der intelligible, und das Gesamtbild der Handlungen, welche teils nach Naturkausalität und teils nach Freiheitskausalität geschehen sein mögen, als der empirische Charakter dargestellt. Der empirische Charakter hängt also vom Intelligiblen nur insofern ab, dass Ersterer je nach der Stärke des Einflusses, den Letzterer auf das moralische Subjekt ausübt, ein Anderer ist; der empirische Charakter ist aber noch lange nicht das Abbild des Intelligiblen, da ja Letzterer in den moralisch-bösen Handlungen gar nicht mitwirkt. Diese Lehre muss nun jetzt durch die neu auftauchende Schwierigkeit im Begriffe der moralischen Verantwortlichkeit modifiziert werden.

Wenn wir aus dem Komplex der Handlungen eines Menschen eine unmoralische herausgreifen und in ihr den unmittelbaren Einfluss der Freiheit, und mit ihm die Einheit des Subjekts vermissen, so setzen wir dabei voraus, dass diese Handlung von allen anderen Handlungen desselben Subjekts unabhängig sei und deshalb auch für sich betrachtet werden könne. Dieses Verfahren hat aber eine weitere Voraussetzung, dass die Freiheit auf das moralische Subjekt wie eine äussere Macht wirkt, ohne von diesem in seinem Bewusstsein anerkannt worden zu sein; ebenso wie die Naturkausalität von Naturwesen nicht erst anerkannt zu werden braucht. Es ist deshalb nicht ausgeschlossen, dass bei einem und demselben

Subjekt die Freiheit manchmal Kausalität haben, manchmal aber auch nicht haben könne. Jede Handlung kann somit daraufhin untersucht werden, ob sie eine Wirkung aus Freiheit sei oder nicht.

Nun haben wir aber oben die Wirksamkeit der Freiheit an eine apriorische Erkenntnis geknüpft, wonach der oberste erkenntnistheoretische Satz des transscendentalen Idealismus die letzte Basis der Moralität ist. Danach beruht die Wirksamkeit der Freiheit auf der Anerkennung ihrer Prävalenz über die Sinnenwelt im Bewusstsein des moralischen Subjekts. Daraus folgt aber, dass auch die ausschliessliche Wirksamkeit der Naturkausalität von der Anerkennung ihrer Prävalenz im Bewusstsein des Subjekts abhängig ist. Denn die Bedingung für die Wirksamkeit des Naturgesetzes in einem Falle, wo ihm das Gesetz der Freiheit widerstrebt, ist die Unterordnung der Freiheit.[1]) Das moralische Subjekt unterscheidet sich somit von allen anderen Naturwesen auch darin, dass bei ihm die Wirkungsweise des transscendentalen Gegenstandes, ob durch das Medium der Naturkausalität oder ohne dasselbe, von der Anerkennung in seinem Bewusstsein abhängig ist.

Ein solches Subjekt bleibt sich aber stets gleich, d. h. es wird entweder immer die Verstandeswelt oder immer die Sinnenwelt überordnen. Dies bestätigt sich auch in der Konstanz des Charakters oder, wie K. sich ausdrückt, in der Gleichförmigkeit des Verhaltens eines Menschen. Diese Gleichförmigkeit beruht offenbar auf einer einmaligen Unterordnung der Natur oder der Freiheit. Und berücksichtigt man noch dazu, dass die Neigung zu einer Handlung, nach psychologischen Gesetzen, mit der Uebung und Wiederholung derselben zunimmt, und dass jede Handlung in der Verkettung der Umstände viele gleichartige zu ihrer notwendigen Folge hat, so sieht man leicht, welche Tragweite der einmaligen Anerkennung der Prävalenz der Einen oder der Anderen, für die Bildung des empirischen Charakters zukommt. Wir können also nicht eine einzige Handlung aus dem Charakter herausgreifen, um sie zu untersuchen, nach welchem Gesetze sie geschehen sei; denn jede Handlung eines Subjekts gehört mit allem Vergangenen, das sie bestimmt, „einem einzigen Phänomen seines Charakters".[2])

Unsere Vorstellungen vom Verhältnis der Handlungen eines und desselben Subjekts zu einander werden nun jetzt berichtigt.

[1]) Vgl. Religion VI, 130.
[2]) Vgl. ibid. 118.

Wir betrachteten bis jetzt das moralische Subjekt als zwischen zwei
Mächten hin und her geworfen, so dass es bald der einen bald der
anderen folgt. Jetzt sehen wir nun ein, dass wer ein Mal wahrhaft
moralisch handelt, der wird, da er die Prävalenz der Freiheit nun
einmal anerkannt hat, sein Leben lang moralisch handeln, und umgekehrt. Wenn in der „Grundlegung" der Mensch, das moralische
Subjekt, als ein Wesen hingestellt wurde, welches bald von der
Naturkausalität, bald von der Freiheitskausalität genötigt wird, so
müssen wir dies jetzt auf den Menschen und das moralische Subjekt
überhaupt beziehen; das einzelne Individuum hingegen ist je nach
der einfürallemal getroffenen Entscheidung der einen oder anderen
Macht für immer unterworfen. — Kant wird somit in Bezug auf
die Unverbesserlichkeit eines Charakters mit Schopenhauer übereinstimmen, und alle Besserung auf „technische Klugheit", wie Sch.
auf die Einsicht über den Wert der Motive, zurückführen.[1] —
Diesem neuen Gesichtspunkte gemäss, müssen aber auch die, in der
ersten Darstellung gewonnenen Begriffe vom intelligiblen und empirischen Charakter modifiziert werden. Unter intelligiblem Charakter
verstanden wir dort das Vermögen, nach unmittelbarer Freiheitskausalität zu handeln. Nun haben wir aber jetzt die Wirksamkeit
der Freiheitskausalität, wie nicht minder die ausschliessliche Wirksamkeit der Naturkausalität von der Anerkennung im Bewusstsein
des Subjekts abhängig gemacht. Auch haben wir die Vorstellung,
dass jedes Subjekt das Vermögen besitzt, hin und wieder nach
Freiheitsgesetzen zu handeln, jetzt fallen lassen, die Unterordnung
des einen oder anderen Gesetzes steht somit dem Subjekte nicht
von Fall zu Fall frei, sondern es kommt auf seine einmalige Entscheidung an. Das Vermögen, nach Freiheitskausalität zu handeln, ist
somit nicht allen Subjekten gemeinsam, es besitzen es nur diejenigen,
die sich für die Ueberordnung der Verstandeswelt entschieden haben.
Das, allen Subjekten, deren Handlungen der sittlichen Beurteilung
verfallen, gemeinsame intelligible Vermögen, ist jetzt „die Fähigkeit
der Willkür, das moralische Gesetz in seine Maxime aufzunehmen
oder nicht" (Religion ... S. 123). Wenn wir nun oben von einer
Kausalität sprachen, welche dem moralischen Subjekte nicht durch
seine Rezeptivität, sondern durch blosse Apperzeption in seinen Handlungen und inneren Bestimmungen gegeben ist und es dahin verstanden, dass die Erkenntnis dieser inneren Bestimmungen mit der

---

[1] Vgl. Cohen, a. a. O. S. 202, 226 f., 247—48, 260, 280 u. 297—305.

Bethätigung derselben zusammenhängt, so müssen wir uns nunmehr auch darin berichtigen. Die Erkenntnis dieser inneren Bestimmungen hängt von der Bethätigung derselben gar nicht ab. Der moralisch-böse Mensch kennt das moralische Gesetz, aber er nimmt es nicht in seine Maxime auf: „er ist sich des moralischen Gesetzes bewusst und hat doch die (gelegenheitliche: bezieht sich wol auf den ganzen Menschen) Abweichung von demselben in seine Maxime aufgenommen" (ibid. S. 126).

Die Frage, worauf jetzt Alles ankommt, ist: Wie haben wir uns diese einmalige Entscheidung zu denken? — Offenbar im Sinne des liberum arbitrium, da wir sonst damit Nichts gewonnen hätten. Wann aber trifft das moralische Subjekt jene, für sein ganzes Leben giltige Entscheidung? In der Erfahrnung ist sie unmöglich, sie würde den Kontext der Erfahrung durchbrechen. Wenn wir Handlungen aus Freiheit trotz des Kontextes der Erfahrung annahmen, so konnten wir das nur bei einer nach Gesetzen wirkenden Freiheit, eine solche kann aber die freie Entschliessung nicht sein, sie muss ganz willkürlich, gesetzlos sein.

Eine solche freie Entschliessung wäre denn auch unmöglich, wenn sich das Subjekt vor jeder Handlung zu entschliessen hätte, da sich aber dasselbe nur ein Mal zu entschliessen hat, so ist dieser Begriff um Nichts schwieriger als der Begriff der kosmologischen Freiheit. Die kosmologische Freiheit setzen wir ausserhalb der Erscheinungen als die letzte intelligible Bedingung der ganzen Kette von Erscheinungen, die wir durch das Aufsteigen im Regressus erhalten. Jene ist aber auch nichts Anderes als eine freie, gesetzlose kosmische Handlung, nur stört sie nicht den Kontext der Erfahrung, weil sie eben ausserhalb der Zeitreihe gedacht wird. Nun hindert uns aber Nichts daran, ebenso wie eine kosmische auch eine moralische Handlung ausserhalb der Zeitreihe der Erscheinungen anzunehmen. An der Gesetzmässigkeit der Freiheit muss zwar festgehalten werden, denn wäre die Freiheit überhaupt in ihren Wirkungen an kein Gesetz gebunden, so wäre die Möglichkeit der Erfahrung, ebenso, wäre die moralische Freiheit keine positive gesetzmässig wirkende Kraft, so wäre der ununterbrochene Kontext der Erfahrung unerklärlich; dies schliesst aber hier ebensowenig wie dort eine erste intelligible Handlung aus.

Der intelligible Charakter, oder das intelligible Vermögen, unter dem wir jetzt die Fähigkeit der Willkür, das moralische Gesetz in seine Maxime aufzunehmen oder nicht, verstehen, kommt also in einer intelligiblen, ausserzeitlichen That des moralischen Subjekts zum Ausdrucke. Durch diese „intelligible That", oder „That der Freiheit" bestimmt das moralische Subjekt seinen ganzen empirischen Lebenslauf und sein empirischer Charakter, der sich uns in der ganzen Kette der Handlungen dieses Subjekts darstellt, ist das treue Abbild des Intelligiblen. Jede Handlung des empirischen Subjekts, sowol die moralischen wie die unmoralischen (wobei wir uns aber immer verschiedene Subjekte denken müssen), fliesst also zuletzt aus Freiheit, da der empirische Charakter vom moralischen Subjekt „freiwillig angenommen" ist.

So rettet Kant das liberum arbitrium zur Rechtfertigung der moralischen Verantwortlichkeit auf Grund seines letzten Resultats in der Grundlegung, dass die Wirksamkeit des moralischen Gesetzes auf die Anerkennung desselben im Bewusstsein des moralischen Subjekts beruht. Daraus ergiebt sich, wie oben ausgeführt, die Einheit des Phänomens aller menschlichen Handlungen. Durch die Vereinigung dieser letzten Momente ist aber auch die Einheit des moralischen Subjekts gerettet: „Denn das Sinnenleben hat in Ansehung des intelligiblen Bewusstseins seines Daseins (der Freiheit) absolute Einheit eines Phänomens, welches sofern es blos Erscheinungen von der Gesinnung, die das moralische Gesetz angeht, (von dem Charakter,), enthält, nicht nach der Naturnotwendigkeit, die ihm als Erscheinung zukommt, sondern nach der absoluten Spontaneität der Freiheit beurtheilt werden muss."[1])

Nach dem Vorangegangenen wird es uns klar geworden sein, dass man von „derjenigen Lehre von der Freiheit, welche Kant der Ethik zu Grunde legte", im Gegensatze zu „derjenigen, welche er zur Erklärung anderer Probleme (welcher?), wie z. B. der Verantwortlichkeit, anzunehmen für nötig befand,"[2]) nicht reden kann. Die ganze Freiheitslehre Kants ist von einem einheitlichen Gedanken durchzogen, der mit dem Fortschritte der zu leistenden Gesamtaufgabe immer mehr vertieft und weiter ausgebaut wird. Es handelte sich in erster Reihe um die erkenntnistheoretische Begründung des transscendentalen Freiheitsbegriffs überhaupt, dann um die Lösung des Widerspruchs der moralischen Freiheit zum Kontexte der Erfahrung und zum kosmologischen Freiheitsbegriff, oder, was dasselbe ist, um das Kriterium der moralischen Handlung und die Möglich-

---

[1]) V, 103.
[2]) Zange, a. a. O.

keit eines dualistischen moralischen Subjekts; soweit die Kritik der r. Vernunft. Hierauf wird der, schon in der „Kritik" gewonnene, positive Freiheitsbegriff in der „Grundlegung" und der Kritik der pr. V., bis zur „Kritischen Beleuchtung", expliciert, indem es nachgewiesen wird, dass Sittlichkeit im letzten Grunde Freiheitsgesetz ist, dessen Ueberordnung über das Naturgesetz in dem, seinem dualistischen Wesen entsprechenden doppelten Erkenntnisvermögen des moralischen Subjekts erkenntnistheoretisch begründet ist. Da nun aber durch den so durchgeführten moralischen Dualismus die Einheit der moralischen Persönlichkeit und mit ihr die wahrhaft freie Selbstbestimmung verloren geht und das Bewusstsein der moralischen Verantwortlichkeit, von Schuld und Verdienst, unaufgeklärt bleibt, so wird dieser Dualismus in der „Kritischen Beleuchtung" dahin modifiziert, dass er recht eigentlich nur für das Noumenon jedes Individuums besteht, in der Erscheinung dagegen ist jeder Mensch mit seiner ganzen Persönlichkeit moralisch oder unmoralisch; in der Erscheinung ist der Dualismus nur noch Bewusstseinsthatsache, der Mensch ist sich des moralischen Gesetzes bewusst, dieses Bewusstsein hat aber auf das Handeln gar keinen Einfluss, die Bestimmung darüber liegt ausserhalb der Zeitreihe. Das moralische Subjekt ist also eine geschlossene Einheit. — In der „Religion..." geht Kant in der Reducierung des Dualismus noch weiter; der Dualismus, der früher für das Noumenen jedes Individuums bestand, soll nur noch für das Noumenen der ganzen Menschheit bestehen. Die Menschheit, sofern sie Erscheinung wird, hat einen „Hang" zum Guten oder Bösen (S. 123). Dieses Letztere gehört jedoch schon zur Kantischen Theodicee, für die kritische Philosophie ist das letzte Wort in dieser Frage in der „Kritischen Beleuchtung" gesprochen und die „Religion.." interessiert uns hier nur soweit, als sie an die, in Jener gewonnenen Resultate anknüpft.

Vergleichen wir nun jetzt unsere Ausführung mit den Eingangs dieses Kapitels angeführten Auffassungen, so sehen wir, dass Kant das Problem deshalb unter den kosmologischen Gesichtspunkt stellt, weil es sich hier eben darum handelt, den Widerspruch des moralischen Freiheitsbegriffs zum kosmologischen zu heben. Der intelligible Charakter aber als solcher ist schon hier, in der „Kritik", ein rein moralischer Begriff. Wenn Fischer vor einem „Klassenunterschied der Erscheinungen" warnt, so befindet er sich im Widerspruch mit Kant: „Bei der leblosen oder blos tierisch belebten Natur finden wir keinen Grund, irgend ein Vermögen uns anders, als blos sinnlich bedingt zu denken". (379.) Freilich führen uns auch die Naturwesen auf intelligible Kausalität, wenn man vom empirisch Bedingten zum transscendentalen Gegenstand aufsteigt, der Unterschied zwischen Jenen und dem Menschen besteht jedoch darin, dass während bei Jenen nur von einem „intelligiblen Grund" (378), beim Menschen von einem intelligiblen „Vermögen" gesprochen werden kann, dessen Wirkungen in der Erscheinung ohne das Medium der Naturkausalität zu passieren, wenn auch nur in der Verkettung der Naturursachen, sichtbar werden. Näher kommen sich diese beiden Begriffe in der „Kritischen Beleuchtung", wo intelligibler Charakter fast gleichbedeutend mit intelligiblem Grund wird. Fischer hat auch, im Anschlusse an Schopenhauer, der die Entwickelung der Lehre vom intelligiblen Charakter in der „Kritischen Beleuchtung" für die einzig richtige hält,[1]) diese seiner ganzen Darstellung zu Grunde gelegt. Schon in der Darstellung der „Kritik" finden sich Wendungen wie „die ganze Kette seiner Handlungen" (F. a. a. O. S. III, S. 497), „dem empirischen Charakter selbst als zeitlose Ursache zu Grunde legen" (ibid. S. 498). Diese Momente sind von Kant erst in der zweiten Darstellung eingeführt. Auch der Umstand, dass F. schon hier auf Schopenhauer verweist,[2]) beweist wie sehr er hier die Darstellung der „Kr. Bel." vor Augen hatte. Umgekehrt richtet sich Fischer in der Darstellung der Letzteren nach der Kritik, wenn er hier die Momente von „ein und dasselbe Subjekt" und „eine und dieselbe Handlung" in einem Zuge behandelt (IV, S. 89—90), während doch Kant in der „Kr. Bel." die Möglichkeit von Notwendigkeit und Freiheit nebeneinander bei einem und demselben Subjekt für bereits erledigt hält; offenbar durch den letzten Abschnitt der „Grundlegung" von den „Zwei Standpunkten", welchen F. wie oben nachgewiesen, vernachlässigt hat, und daher auch gezwungen war, ihn hier in die Darstellung einzuflechten (ibid. S. 90).

Richtet sich F. ganz nach der „Kr. Bel.", so sehen wir Cohen, diese letztere Entwickelung ganz vernachlässigen und sich in seiner Darstellung ganz nach der „Kritik" richten. Er erklärt deshalb den intelligiblen Charakter für gleichbedeutend mit „Gesetz der Freiheit", „Sittengesetz", welcher Auffassung wir uns auch in der Interpretierung der „Kritik" angeschlossen haben.[3])

---

[1]) I, Anhang, 641—42.   [2]) a. a. O. III, 499.
[3]) Wenn Zange (a. a. O.) von einer Verschiedenheit der Freiheitslehre der Grundlegung von der der Kr. d. r. V. spricht und die Darlegung in der

Wie sich aber Cohen, der die „intelligible That" als ein Absurdum verwirft, mit der literarischen Thatsache abfindet, dass Kant in der „Kr. Bel." von „freiwillig angenommen" und „selbst verschafft" spricht, ist mir aus seiner Darstellung nicht klar geworden. Er hält es für absurd, „das Problem der Freiheit dadurch zu lösen, dass man die Erbsünde einem Adam aus transscendentaler Rippe aufbürdet" (a. a. O. S. 110) und bezeichnet die intelligible That als „deus ex machina" zur Rettung der moralischen Zurechnung. Es handelt sich aber auch nicht um die Haltbarkeit dieser Meinung, sondern darum, ob sie Kant gelehrt habe, oder nicht. Dies ist aber in der „Kr. Bel.", besonders aber in der „Religion..." so klar und unzweideutig geschehen, dass ein Zweifel noch kaum aufkommen kann. — Mit Letzterer sucht sich C. durch die Auskunft abzufinden, die hier behandelte Frage vom radikalen Bösen gehöre zur Theodicee und sei eine theoretische (ibid. S. 298—300). Er stellt also die Sache so dar, als ob hier nach dem Ursprung des Bösen gefragt würde, welchen K. in dem „Aktus der Freiheit" findet, diese Frage gehöre somit nicht mehr zur kritischen Philosophie. Aus der ganzen Darstellung K.'s geht aber deutlich hervor, dass es sich hier gar nicht darum handelt, dass „die Wahl des Bösen frei erfolgen musste" (298), diese Frage hält Kant für erledigt und dem Ausdruck „intelligible That" oder „That der Freiheit", mit welchen hier soviel operiert wird, liegt offenbar die Ausführung dieses Gegenstandes in der „Kr. Bel." zu Grunde; hier handelt es sich vielmehr um jenen „Hang" der auch die Freiheit der intelligiblen That aufhebt, es handelt sich um die „Fähigkeit oder Unfähigkeit der Willkür, das moralische Gesetz in seine Maxime aufzunehmen, oder nicht". (123). Dieses Problem gehört thatsächlich zur Theodicee, dagegen gehört die Lehre von der intelligiblen That zur philosophischen Grundlage der K.'schen Theologie.

Ueberhaupt geht bei C. der Begriff vom intelligiblen Charakter als Grund des Empirischen gänzlich verloren. Das ist es aber

Kr. d. pr. V. und der „Religion u. s. w." für eine „Verbindung zwischen jenen Beiden hält, so geschieht es aus dem Grunde, weil auch er die erste Darstellung im Lichte der Zweiten gesehen hat. Wenn aber Z. die Lehre vom intellig. Char. in der „Kr. Bel." durch seinen, allerdings nicht ganz unberechtigten, Angriff zu widerlegen sucht, so kann uns das hier, wo es uns um die Auslegung des historischen Kant zu thun ist, nicht beschäftigen, wenn auch viele seiner Angriffe, auf Grund der hier dargelegten Auffassung zurückgewiesen werden könnten. —

gerade, worauf es C. eigentlich ankommt und das ihm die „intelligible That" unannehmbar macht: Freiheitskausalität und Naturkausalität stehen nach Cohen nicht im Verhältnisse von Grund und Folge oder Ursache und Wirkung sondern in dem von Zweck und Mittel. Freiheit ist nicht Kausalität nach der Analogie der Naturkausalität, sondern „Kausalität des Zweckes", Freiheitsnoumenon ist „Endzweck" (a. a. O. S. 220—23, 229—34, 239, 244—45, 253, 256, u.) Eine Kritik dieser Ansicht wäre nichts Geringeres als eine Kritik der Cohen'schen Auffassung nicht nur der Moralphilosophie, sondern der Philosophie K.'s überhaupt, da diese Auffassung schon in den letzten Kapiteln der „Theorie der Erfahrung" vorbereitet wird; davon muss hier abgesehen werden. Wir wollen aber dennoch auf diesen Punkt kurz eingehen, um dieser Auffassung gegenüber die Schopenh.-Fischer'sche zu betonen, auf welcher unsere Darstellung beruht. Danach ist die Freiheitskausalität nach der Analogie der Naturkausalität zu verstehen. Die Kausalität der Freiheit ist, um den Gegensatz zur C.'schen Auffassung scharf hervorzuheben, gewissermassen die Kausalität eines intelligiblen Mechanismus.

Für die Richtigkeit dieser Auffassung spricht in erster Reihe die „Typik", mit der sich Cohen (S. 244—45), so gut es geht, abzufinden sucht. Besonders aber ist auf die Kritik der Urteilskraft zu verweisen, wo die Freiheitskausalität, als der höhere Begriff, der Zweckkausalität gegenübergestellt wird. Der Zweckbegriff überhaupt wird als eine Eigentümlichkeit des beschränkten menschlichen Verstandes angesehen, der sich ohne denselben die Zweckmässigkeit der „organisierten" Körper nicht erklären kann, während ein „anschauender Verstand" mit dem (höheren) Mechanismus allein auskommt: Man soll dem Naturmechanismus nachgehen soweit als es geschehen kann, den Versuch zur vollständigen Aufklärung der Zweckmässigkeit der Natur auf Grund der mechanischen Kausalität aber nicht darum aufgeben, „weil es an sich unmöglich sei, auf seinem Wege mit der Zweckmässigkeit der Natur zusammenzutreffen, sondern nur darum, weil es für uns als Menschen unmöglich ist; indem dazu eine andere als sinnliche Anschauung, und ein bestimmtes Erkenntnis des intelligiblen Substrats der Natur, woraus selbst von dem Mechanismus der Erscheinungen noch Grund angegeben werden könne, erforderlich sein würde, welches alles unser Vermögen gänzlich übersteigt."[1])

---

[1]) Kritik d. Urtheilskr., V. 431; vgl. noch ibid. 400—1, 402—3, 407, 408—9, 410—11, 413, 417, 418, 421—22, 424—25, 426, 427, 478—79 A., 488 u.

In der Kausalität des intelligiblen Substrats ist also der Begriff der Zweckmässigkeit zur Erklärung der Zusammenstimmung der Natur gar nicht nötig, hier ergiebt sich diese einheitliche Organisation, die wir Zweckmässigkeit nennen, schon aus dem (intelligiblen) Mechanismus.

Gegen die Identifizierung von Freiheit und Zweckidee spricht aber auch Kants Warnung davor, die Freiheit von einer verständigen Weltursache abhängig zu machen (465—66). Ein „Endzweck" ohne verständige Weltursache ist aber undenkbar. Die Freiheit im moralischen Sinne, das Sittengesetz hat eben für sich mit dem Zweckbegriff ebensowenig zu thun, wie die Zweckmässigkeit der geometrischen Figuren (da auch das moralische Gesetz blos formal ist); nur die notwendige Beziehung der Menschen auf die Natur führt auf den Begriff des „Endzweckes" (461—62, 464). Der Endzweck ist ja im Grunde auch nichts Anderes als „das höchste Gut", was doch C. aus der Moralphilosophie ganz verbannt wissen möchte.

Vollends ist es unverständlich, wie das Sittengesetz Endzweck sein kann (C. a. a. O. S. 239—40). Das Sittengesetz ist der Grund des Endzweckes, es gebietet denselben (485—86A.) — Cohen ist sich aber auch seiner Unabhängigkeit von Kant in diesem Punkte bewusst (229, 233, 252 und an mehreren Stellen in den letzten Kapiteln der „Theorie der Erfahrung") —.

Dieser Gegensatz der beiden Auffassungen musste hier betont und beleuchtet werden, da nur unter der Voraussetzung der hier vertretenen Ansicht Schopenhauer, zu dessen Lehre vom intelligiblen Charakter und ihrem Verhältnisse zu Kant wir jetzt übergehen, in dieser Frage noch auf Kantischem Boden steht.

Die Lehre vom intelligiblen Charakter bezeichnet Schopenhauer als den Punkt, wo seine Philosophie aus der Kantischen, als aus ihrem Stamme herauswächst. Wenn Kant dieses Problem zu Ende gedacht hätte, meint Sch., so hätte er im „Willen" das Ding an sich erkennen müssen; wie sich ja auch dieser Gedanke überall da durchbricht, wo K. gezwungen ist, auf das Ding an sich näher einzugehen.

Um also das Verhältnis beider Philosophen in dieser Lehre feststellen zu können, müssen wir kurz auf den Gedankengang Sch.'s eingehen, durch welchen er von der Lehre vom intell. Char. zum Grundgedanken seiner Philosophie gelangt:

Der intelligible Charakter ist ein ausserzeitlicher Willensakt,[1]) von dem die ganze Kette der Handlungen eines Menschen, der empirische Charakter, eine notwendige Folge ist. Alle Handlungen eines Menschen, d. h. alle an ihm sich vollziehenden und von seiner Vorstellung begleiteten Begebenheiten sind die Erscheinungen seines intelligiblen Charakters, Folgen des ausserzeitlichen Willensaktes, welcher sich im Ding an sich vollzieht. So weit geht Sch. mit Kant. Während aber Kant den Begriff der intelligiblen That nur zur Rechtfertigung der moralischen Verantwortlichkeit anführt und bei der rein moralischen Bedeutung des Problems stehen bleibt, beleuchtet Schopenhauer von hier aus das ganze metaphysische Problem, und gelangt, durch die Ausdehnung der intelligiblen That auf die gesamte Natur, zum Grundgedanke seiner Philosophie:

Sehen wir von der moralischen Bedeutung der Handlungen, als welche auf den diese begleitenden Vorstellungen beruht, ab, so sind alle Handlungen einfache Naturbegebenheiten, welche sich am Menschen und seiner Umgebung vollziehen. Wenn aber die Handlungen eines Menschen, auch abgesehen von ihrem besonderen Kriterium, nämlich dem Begleitetwerden von Vorstellungen, dennoch als Folge des ausserzeitlichen Willensakts angesehen werden könnten, so hätten wir gar keinen Grund bei den Handlungen des Menschen stehen zu bleiben, sondern wir würden alle Begebenheiten am Menschen, also auch die organischen und physiologischen Vorgänge in seinem Leibe, auf den ausserzeitlichen Willensakt zurückführen und als seine Folge betrachten.

In der That aber ist es nicht die begleitende Vorstellung, in welcher der Ursprung einer Handlung zu suchen ist. Dies liegt schon im Begriffe des empirischen Charakters. Die Vorstellungen sind die Motive, durch welche Handlungen mit Notwendigkeit herbeigeführt werden. Dass aber nicht die Motive die Notwendigkeit mit sich führen, lehrt uns die Erfahrung, indem wir sehen, dass dieselben Motive, welche bei Einem mit Notwendigkeit wirken, auf einen Anderen ganz und gar nicht wirken. Wir sind also zunächst gezwungen, die Notwendigkeit einer Handlung nicht in die Motive allein zu setzen. Jede Handlung ist das Produkt zweier Faktoren: des Motivs und des für dieses Motiv gerade zugänglichen und prä-

---
[1]) I, 377, 392, 475, 641; II, 762; III, 476, 557 u.

disponirten Charakters. Es ist aber leicht einzusehen, dass unter diesen beiden Faktoren der Charakter als die eigentliche Quelle der Handlung angesehen werden müsse. Denn bei aller Unentbehrlichkeit des Motivs zum Zustandekommen einer Handlung ist dasselbe doch nur die Gelegenheitsursache, wodurch der Charakter gerade hier, zu dieser Zeit und an diesem Orte erscheint, der eigentliche Grund der Handlung dagegen liegt ganz ausschliesslich im Charakter. Ebenso wie bei allen anderen Naturbegebenheiten die Ursache, wodurch sie zu einer bestimmten Zeit und an einem bestimmten Orte herbeigeführt werden, nichts mehr als Gelegenheitsursache ist, während der wahre Grund stets in der Naturkraft, in der qualitas occulta liegt, welche hier wirkt. Jede Handlung ist somit ganz das Produkt des Charakters.

Hat aber jede Handlung ihren Grund einzig und allein im Charakter und ist sie mit diesem, selbst abgesehen von ihrem besonderen, von allen anderen Naturbegebenheiten sie unterscheidenden Kriterium, die Folge jenes intelligiblen, ausserzeitlichen Willensaktes, so sind auch alle Begebenheiten im Organismus des Menschen auf jenen Akt, als ihren wahren Grund zurückzuführen. Wenn wir nun früher den Menschen nur in moralischer Beziehung als das Produkt eines besonderen Willensaktes angesehen haben, so werden wir jetzt den ganzen Menschen, also auch seinen Leib, mit allen an ihm sich vollziehenden Begebenheiten als das Produkt jenes Aktes ansehen. Nichts liegt näher als der Gedanke, alle „Willensakte", als deren Folgen uns die einzelnen menschlichen Individuen erscheinen, auf Einen Willen zurückzuführen, der durch verschiedene Akte in verschiedenen Individuen sich darstellt. Oder in der Sprache des Systems: Jeder Mensch ist die Objektität einer bestimmten Idee des Willens, welche sich nur in dem so und so gearteten Leibe objektivieren und nur in den, diesem Leibe anhaftenden körperlichen und geistigen Vorzügen und Mängeln ihren adäquaten Ausdruck finden konnte. Jeder Mensch ist also, samt allen seinen organischen Funktionen und Handlungen, die Erscheinung jenes ausserzeitlichen Willens, und Letzterer das Ding an sich des Menschen. Tragen wir nun diese Idee durch einen Anologie-Schluss in die gesamte Natur hinein, so erhalten wir den Grundgedanken der Schopenhauer'schen Philosophie.

In dieser Ableitung, die sich uns aus der zusammenhängenden Betrachtung zahlreicher, diesen Gegenstand traktierender Stellen in den Sch.'schen Schriften ergiebt, will Sch. nur den Kantischen Gedanken zu Ende gedacht haben. Dem gegenüber wollen wir im Folgenden nachzuweisen suchen, dass die Sch.'sche Deduktion auf Voraussetzungen beruht, welche Kant nach dem Grundprinzip seiner Erkenntnistheorie niemals zugeben kann. Diese Nachweisung wird für uns um so grösseres Interesse haben, als in ihrer Ausführung alle Differenzen beider Systeme, in der Freiheitslehre sowol wie in der auf dieser beruhenden Ethik, klar und deutlich hervortreten werden. Zu diesem Zwecke wollen wir die Lehre vom intelligiblen Charakter im Zusammenhange mit den Grundlehren der Sch.'schen Philosophie betrachten.

Schopenhauer hat diese Lehre, abgesehen von beiläufigen Erörterungen und gelegentlichen Bemerkungen, an drei Stellen vorgetragen: in beiden Preisschriften (III, 472—77 und 556—61) und im ersten Teile seines Hauptwerkes (I, § 55, S. 374 ff.). In dieser letzteren Darstellung steht das Problem, das in beiden anderen isoliert behandelt werden musste, im engen Kontakt mit dem ganzen System, aus welchem Grunde wir uns auch an diese vorzüglich halten werden:

Wir erinnern uns, wie Schopenhauer zum ersten Satze seiner Philosophie gelangt. Er geht aus vom Gegensatze zwischen Subjekt und Objekt. Die Erkenntnis eines Objekts durch das wahrnehmende Subjekt beruht auf der Korrelation ihrer Begriffe. Die Verbindung Beider in der Vorstellung ist die Erscheinungsform einer ursprünglichen Einheit. Diese Einheit ist der Wille; die Welt als Vorstellung ist die Erscheinung der Welt des Willens.

Der Wille ist also das Ding an sich, das Primäre, die Vorstellung, der Intellekt das Sekundäre, die Form, durch welche der Wille in die Erscheinung tritt. Jeder Leib ist eine Funktion des Willens und der Intellekt eine Funktion des Leibes, welches Beides zusammen einer bestimmten Idee zum adäquaten Ausdruck in der Erscheinung verhilft. Zwischen dem Organismus jedes Individuums und seinem Intellekt besteht ein innerer Zusammenhang, welcher die besondere Idee darstellt, die hier ihre Objektivation gefunden hat. Bis jetzt ist es gelungen, diesen Zusammenhang in der Konstruktion des Gehirns und in manchen Gesichtsteilen zu entdecken, es besteht aber für Schopenhauer kein Zweifel, dass sowol zwischen Intellekt und jedem Gliede eines Individuums wie zwischen den Gliedern untereinander ein notwendiger Zusammenhang besteht. Betrachten wir nun die ganze Spezies der erkennenden Tiere, den Menschen inbegriffen, als eine höhere Idee, so hat sich der Wille in dieser Spezies im Intellekt ein **Organ geschaffen**, welches zur Objektivation dieser bestimmten Idee ebenso nötig war, wie der Grundtypus des tierischen Organismus selbst. Schopenhauer betrachtet den Intellekt als einen integrierenden Bestandteil des animalischen Urtypus. Der Intellekt haftet schon dem „anatomischen Element" (wie Geoffroy Saint-Hilaire den anim. Urtypus nennt, III, S. 251) an, so dass jeder höheren Entwickelungsstufe jenes Elements auch ein höher entwickelter Intellekt entspricht; was sich konsequenterweise auch auf die unzähligen mannigfachen Entwickelungsgrade jedes einzelnen tierischen und menschlichen Individuums erstreckt. Auf die ganze Natur angewendet, liegt der gesamten Erscheinungswelt Ein Grundtypus zu Grunde, aus dem sich alle krystallinischen, vegetabilischen und animalischen Organismen entwickeln, welchem Grundtypus der Intellekt, wenn wir sein Vorhandensein in potentia berücksichtigen, immer anhaftet und mit ihm alle Entwickelungsphasen durchmacht. — Verfolgen wir nun den Intellekt von seiner höchsten Entwickelungsstufe, im abstrakten Denken des Menschen, hinab nach unten, so finden wir, dass er je tiefer, je weniger differenziert und individualisiert auftritt, bis er sich bei den niederen Tieren zur blossen Vorstellung des unmittelbar Gegenwärtigen verringert, um in der Pflanzenwelt zu einem vegetabilischen Gefühl zu verblassen, und vollends im Anorganischen ganz zu erlöschen. Durch diese ganze Stufenleiter von oben nach unten, sehen wir den Intellekt sich immer mehr verlieren und dem Willen das Feld überlassen.

Uebersetzen wir diesen evolutionistischen Gedanken ins Metaphysische, wodurch wir bezeichnen wollen, dass die „Entwickelung" nicht im Laufe der Zeit zu verstehen ist (III, S. 242 f.), und durchlaufen wir die Stufenleiter von unten nach oben, so stellt sich uns das Verhältnis von Intellekt und Willen folgendermassen dar:

Die Welt ist Wille, der Wille ist das Ding an sich, das wahrhaft Seiende, und die ganze sichtbare Welt ist seine Erscheinung, seine Objektivation, der Vorstellung gewordene Wille. Erscheinung, Vorstellung und Objektivation sind bei Schopenhauer Wechselbegriffe. Der einheitliche Wille tritt in die Erscheinung, indem er in die Doppelform von Subjekt und Objekt eingeht. Der Wille objektiviert sich heisst: er tritt aus seiner ursprünglichen Einheit, wo Subjekt und Objekt zusammenfallen, heraus und wird Vorstellung, wo Subjekt und Objekt auseinandergehen. Die Welt als Vorstellung ist aber nichts Anderes als die Abspiegelung des Willens in einem Intellekt. Mit der Oeffnung des ersten erkennenden Auges, sagt Schopenhauer, steht die Welt als Vorstellung mit einem Schlage da. Indem nun der Wille sichtbar werden will, schafft er sich das dazu nötige Organ, den Intellekt, welcher sich als etwas Sekundäres von ihm ablöst, und die ursprüngliche Einheit erscheint als Vielheit. Denn mit dem Intellekt treten die sinnlichen Anschauungsformen, Zeit und Raum, auf, die zusammen das principium individuationis ausmachen. Erinnern wir uns nun, dass Zeit und Raum in ihrer Vereinigung das Wesen der Kausalität ausmachen, so gelangen wir zum Ergebnis, dass die Herrschaft des Satzes vom Grunde erst mit der Ablösung des Intellekts vom Willen beginnt; der Wille an sich dagegen ist frei und grundlos.[1]) Diese Freiheit könnte aber nie einen unmittelbaren Ausdruck in der Erscheinung haben, da Erscheinung die Ablösung des Intellekts vom Willen und somit die Herrschaft der Naturnotwendigkeit bedeutet; dies könnte nur dann der Fall sein, wenn es einen Zustand geben sollte, in welchem das principium individuationis durchschaut und seine Wirkung dadurch aufgehoben würde.

In der That aber giebt es einen solchen Zustand. Behufs vollständiger Objektivierung des Willens musste einerseits die Ablösung des Willens vom Intellekt soweit gehen, dass es auch ein willenfreies Erkennen gebe (in der Kunst), andererseits aber musste es auch eine Erkenntnis geben, in der das erkennende Subjekt das principium individuationis durchschaut, sich dadurch von der Naturnotwendigkeit befreit und als reiner Wille auftritt. Eine solche Erkenntnis ist aber durch den Intellekt unmöglich. Der Wille schuf sich daher eine höhere Art der Erkenntnis, nämlich die Intuition.[2]) Durch diese Erkenntnis wird die Erkenntnisweise des Intellekts durchschaut und die Wirkung der Naturnotwendigkeit neutralisiert, das Subjekt befindet sich im Zustande der Freiheit. Diesen Zustand lernten wir aber oben als den kennen, in welchem die moralischen Handlungen zu Stande kommen. Wenn wir daher oben das Durchschauen des principium individuation durch die Erkenntnis des transscendentalen Idealismus als die metaphysische Basis der Ethik hingestellt haben, so sehen wir jetzt, dass diese Erkenntnis nach Schopenhauer keine intellektuelle, sondern eine intuitive ist.[2])

Jedes moralische Individuum stellt somit — wenn wir von

---

[1]) I, 356—57, 372, 374, 391, 399, 453, 481, 495, 506, 510, 639; II, 375—77, 597—98, 623, 659, 652, 755, 762 u.

[2]) I, 475, 480, 491—92, 495; vgl. 238. Zur ganzen Ableitung: Willen in d. Natur, bes. „Vergleichende Anatomie", III, 233 ff. und W. a. W. u. V. II. Kap. 19—22.

allem Anderen, wie der Beschaffenheit seines Organismus, dem Grade seiner intellektuellen Erkenntnis absehen, welches Alles zusammen Eine bestimmte Idee ausdrückt — diejenige Idee des Willens dar, in welcher er sich frei vom Intellekte und dem Kausalitätsgesetze objektiviert. Diese Idee ist aber nichts Anderes als der intelligible Charakter dieses Individuums und der Drang des Willens, diese bestimmte Idee zu objektivieren ist jener ausserzeitliche Willensakt, durch den wir das Individuum als frei betrachten. Aber auch das unmoralische oder antimoralische Individuum, wie auch jedes andere Naturwesen verhilft einer bestimmten Idee des Willens zum Ausdrucke, und insofern können wir bei allen von einem freien intelligiblen Charakter sprechen. Der Unterschied liegt niemals in den Individuen, sondern in den Ideen, die der Wille in den verschiedenen Individuen und Wesen objektivieren wollte, der Wille aber ist in allen seinen Ideen frei und grundlos.

Soweit die Lehre des intelligiblen Charakters bei Sch. im Zusammenhange mit den Grundgedanken seiner Philosophie.

Jetzt sehen wir nun, auf welchen, von Kant abweichenden Voraussetzungen die Sch.'sche Deduktion beruht. Schopenhauer konnte den Begriff der intelligiblen That nur dadurch auf die gesamte Natur ausdehnen, dass er vom besonderen Kriterium der Handlung, nämlich von der sie begleitenden Vorstellung oder dem sie hervorrufenden Motiv, ganz abgesehen hat. Dies setzt aber seine Lehre vom Primate des Willens über den Intellekt voraus, wonach der wahre Grund aller Handlungen im Willen liegt und der Intellekt nur eine Funktion des Leibes ist. Die Lehre vom Primate des Willens, im Sinne Sch.'s, setzt aber weiter voraus, dass die Form des Intellekts, die Vorstellung, oder das Subjektsein-für-ein-Objekt und umgekehrt, schon zur Erscheinung gehört und auf das Ding an sich nicht angewendet werden darf. Diesen Satz aber haben wir oben bereits als denjenigen erkannt, durch welchen Sch. den ersten Schritt über Kant hinaus gethan hat. Kants Primat der praktischen Vernunft beruht zuletzt auf einer Erkenntnis, die, wenn sie auch „praktisch" ist und der Bestätigung der sinnlichen Anschauung nicht bedarf, doch immer die Form der Vorstellung behält. Die Erkenntnis: weil die Verstandeswelt der Grund der Sinnenwelt ist, deshalb sind die Vernunftgesetze verpflichtende Imperative, hat die Form der intellektuellen Erkenntnis; der Grund der moralischen Handlung liegt somit in einer Vorstellung, die das moralische Gesetz der Sinnlichkeit überordnet. Ebenso liegt der Grund einer unmoralischen Handlung in einer Vorstellung, welche das Freiheitsgesetz dem Naturgesetze unterordnet. Während also die intelligible That bei Sch. die Objektivierung einer Idee des erkenntnis- und grundlosen Willens bedeutet und somit auf die ganze Natur bezogen werden kann, wird jener ausserzeitliche Akt nach Kant von einer Vorstellung begleitet und kann als solcher nur auf vorstellende Wesen bezogen werden.

Die Ausdehnung des Begriffes der intelligiblen That auf die ganze Natur hat aber auch zur Folge, dass seine ursprüngliche moralische Bedeutung wesentlich abgeschwächt wird, so dass die Freiheit, die durch jenen ausserzeitlichen Akt gerettet wird, kaum noch eine besondere Beziehung zur Ethik haben kann.

Der ausserzeitliche Akt ist nach K. das wahre liberum arbitrium; das moralische Subjekt trifft im Noumenon eine Wahl zwischen dem Freiheitsgesetz und dem Naturgesetz. Der Begriff Wahl setzt aber die Vorstellung voraus und von einer Wahlfreiheit im Noumenon kann nur dann die Rede sein, wenn die Vorstellung auch auf das Ding an sich angewendet werden kann. Dagegen kann bei Schopenhauer, der die Vorstellung, das Subjektsein-für-ein-Objekt und umgekehrt als die Grundform der Erscheinung hinstellt, von einer Wahlfreiheit im Ding an sich gar keine Rede sein. Dies würde auch der ganzen Tendenz der Sch.'schon Philosophie zuwiderlaufen. Die Freiheit, welche Sch. durch die intelligible That gewinnt, liegt im Esse, wie Sch., den scholastischen Satz: operari sequitur esse, in seinem Sinne verwertend, sich ausdrückt.[1]) Jedes Individuum entspricht einer bestimmten Idee des Willens und es ist gerade so und so beschaffen, weil in ihm eine gerade so bestimmte Idee ihre Objektität finden sollte. Der ausserzeitliche Akt, durch den die Objektivation dieser Idee unternommen wird, nämlich der Drang des Willens, sich in allen möglichen, moralischen wie unmoralischen Individuen zu objektivieren, kann zwar nicht als necessitiert angesehen werden, da ja der Wille ausserhalb aller Kausalität und somit frei und grundlos ist; diese Freiheit liegt aber nicht, wie bei Kant, in der Persönlichkeit des moralischen Subjekts, sie liegt eben in Esse, in dem allein seienden und allmächtigen Willen. — Ueberhaupt geht bei Sch. der Begriff eines moralischen Subjekts ganz verloren. Die Freiheit liegt im Esse, dieses Esse ist aber kein persönliches Sein. In dem unmoralischen Individuum

---

[1]) I, 520 A.; II, 179, 376, 597—98, 623, 710—11; III, 558.

objektiviert sich diejenige Idee des Willens, durch welche derselbe in der Hülle des Intellekts, unter der Herrschaft des Kausalitätgesetzes, im moralischen diejenige, in welcher er in seiner Ursprünglichkeit, frei vom Intellekt und seinem Gesetze, erscheinen wollte. Was da gewonnen wird ist die allgemeine ethische Tendenz des Daseins, da der Wille in seiner Freiheit moralische Handlungen erzeugt; von moralischen Persönlichkeiten hingegen kann nicht entfernt die Rede sein. Ja, auch im Willen selbst zeigt sich die Freiheit bald illusorisch. Der Wille und sein blinder Drang, sich in allen Abstufungen, in den mannigfachen Kombinationen aller möglichen Qualitäten zu objektivieren, erscheint zuletzt als ein Fatum, das sich von dem der Alten in Nichts unterscheidet.[1])

Nach dem Vorangegangenen sind wir nunmehr im Stande, alle Gegensätze beider Philosophen, in der Fassung und Lösung der gesamten Aufgabe des Freiheitsproblems, aus den Grundlagen ihrer Systeme abzuleiten, wobei auch die bereits fixierten Differenzpunkte durch eine besonders günstige Beleuchtung deutlicher hervortreten werden.

Der erste Gegensatz bestand in der Fassung des Begriffs der Freiheit, nach Kant ist er ein positiver, nach Schopenhauer ein negativer. Den Grund für diese Abweichung von K. fanden wir oben darin, dass Sch. den Schluss nach dem Kausalitätsgesetze, durch welchen K. das Ding an sich, die Freiheit in das theoretische Denken einführt, nach dem Grundprinzip seiner Erkenntnistheorie verwerfen musste. Dieser Grund war zunächst nur formal und negativ; weil Sch. die Freiheit nicht durch einen Schluss nach dem Kausalitätsgesetze gewonnen hat, daher hat er auch gar keinen Grund gehabt, von Freiheitskausalität zu reden. Jetzt sehen wir aber auch den materialen Grund hierfür ein. Die Naturnotwendigkeit beruht auf der Ablösung des Intellekts vom Willen, der Kern der Natur hingegen, nämlich der absolut einheitliche Wille kennt keine Gesetze und keine Notwendigkeit, er ist erkenntnis- und grundlos. Wenn wir daher von Freiheit sprechen, so wollen wir damit nur den Zustand des Willens vor der Ablösung des Intellekts treffen, d. h. wir wollen uns die Wirkungsweise der Kausalität hinwegdenken, nicht aber dieser eine andere entgegensetzen oder auch nur gegenüberstellen. Und wenn wir in der Erscheinung Handlungen, wie die moralischen, antreffen, welche sich nach dem Kausalität-

---

[1]) Vgl. I, 392 – 93.

gesetze nicht erklären lassen, so sagen wir nicht, sie geschehen nach einem anderen Gesetze, sondern sie geschehen gesetzlos oder frei. Diese Freiheit bezeichnet aber nichts Positives, sondern nur die Aufhebung der Wirkungsweise des Intellekts, dem die Kausalität unzertrennlich anhaftet. Was da übrig bleibt, ist der reine Wille, die ursprüngliche Einheit, in der Erkenntnis und Gesetz leere Begriffe sind.

Daraus ergiebt sich uns aber auch ein tieferer Grund für den Gegensatz unserer Philosophen im Begriffe der Moralität. Die imperative Form der Ethik verträgt sich nicht mit dem Grundgedanken der Willensphilosophie. Die moralischen Handlungen fliessen aus keinem Gesetz, es giebt also keinen Imperativ, Moral ist ein Naturphänomen und Moralphilosophie ist nicht die Wissenschaft von dem, was geschehen soll, sondern von dem was geschieht. Auf wen soll sich denn das Sollen beziehen? — Es giebt keine moralische Persönlichkeit, die moralischen und unmoralischen Individuen sind gleichwertige Ideen des alleinen Willens; es giebt nach Schopenhauer kein dualistisches moralisches Subjekt, ein Imperativ ohne moralischen Dualismus ist aber unmöglich.

Wenn aber Sch. dennoch von einem Antagonismus zwischen Moral und Natur spricht,[1]) so dürfen wir darunter keinen Dualismus verstehen, denn dies würde mit dem Grundgedanken des Voluntarismus im Widerspruch stehen. Der Antagonismus besteht lediglich in der Einschränkung, die die moralische Tendenz des Willens durch die Ablösung des Intellekts und das Auftreten des principium individuationis erfährt. Antagonismus zwischen Moral und Natur bedeutet soviel wie der Widerspruch der Natur mit sich selbst.[2])

Auch die moralische Verantwortlichkeit, derentwegen allein sich Sch. die Lehre vom intelligiblen Charakter aneignet, hat bei ihm eine andere Bedeutung als bei Kant. Nach Schopenhauer ist nur die moralische Zurechnung, keinesfalls aber die Verantwortlichkeit gerettet. Die Verantwortlichkeit liegt im Esse, der Mensch hätte unter den gegebenen Umständen anders handeln können, „wenn nur Er ein Anderer gewesen wäre."[3]) Er wäre aber nur dann ein Anderer gewesen, wenn sich in ihm eine andere Idee des Willens objektiviert hätte. Die Handlung kann dem Subjekte allerdings zugerechnet werden, da sie in seinem Wesen, in

[1]) II, 664.
[2]) I, 516.
[3]) III, 472.

seinem Charakter liegt, und insofern kann man auch von Schuld sprechen, der Begriff Schuld darf aber nie persönlich aufgefasst werden. Die persönliche Schuld geht mit der moralischen Persönlichkeit verloren. Das Gefühl der persönlichen Strafwürdigkeit, welches nach Kant die Uebertretung eines sittlichen Gesetzes begleitet,[1]) wird von Sch. in seiner bekannten Theorie des Gewissens in Abrede gestellt und anders gedeutet. Die Gesetzgebung ist auch nach Sch. nicht durch die Strafwürdigkeit und die Schuld des Verbrechers zu seiner Bestrafung berechtigt, sondern die Notwendigkeit, den verbrecherischen Neigungen wirksame Gegenmotive zu schaffen, berechtigt die Justiz, die Strafe an dem Individuum zu vollziehen, welches das Verbrechen, und sei es auch in der Rolle eines Werkzeuges, begangen hat. Es wird im Grunde niemals die Persönlichkeit des Thäters, sondern seine Handlung gerichtet. Dem entsprechend sehen wir auch Sch. das ius talionis verwerfen, welches nach Kant das Grundprinzip des Strafrechts bildet. Auch seine Lehre von der ewigen Gerechtigkeit beruht auf dieser Ansicht von der moralischen Verantwortlichkeit.[2])

Soweit die Philosophie Kants und Schopenhauers in der Behandlung des Freiheitsproblems. Dagegen wollen wir von der Frage, in der bei Kant die Theologie und bei Schopenhauer die Mystik zu Worte kommt, hier absehen. Wir meinen die Frage der „Revolution der Gesinnung" oder „Aenderung des Herzens" bei Kant,[3]) der bei Schopenhauer die „katholische transscententale Veränderung" entspricht;[4]) beim Letzteren ist die Frage, wenn auch oft versichert wird, dass sie zur immanenten Philosophie gehöre, zu mystisch, beim Ersteren rein theologisch. Wir glaubten deshalb von diesen Fragen, wie von der von Kant (zu Ende d. „Kr. Bel.") aufgeworfenen Frage nach der Möglichkeit der menschlichen Freiheit gegenüber der göttlichen Allmacht, hier, wo es uns nur um die naturalistische und moralphilosophische Bedeutung des Problems zu thun ist, absehen zu sollen.

[1]) Kr. d. pr. V. V, 40.
[2]) Vgl. I, 444, 448—49, 452—56, 457, 460, 519; II, 275—76, 280, 694, 702—3, 704—5; III, 478, 480—81.
[3]) Religion u. s. v. VI, 141.
[4]) I, 503—6, 510, 517; II, 742—45, 750, 752.